高久道子

せともの屋の女房

本の泉社

せともの屋の女房　目次

信楽育ち　9

一四歳の旅立ち　47

私の青春　79

閉店、感謝の日々　212

せともの屋の女房

信楽《しがらき》育ち

信楽に生まれて

私は、奥田要、きん子の四女として、滋賀県甲賀市信楽町で生まれた。

〝陶磁器の里〟として知られる信楽は、日本でも有数のものづくりの町だ。当時は、住民の多くがなんらかの形で陶磁器に携わる仕事をしていた。

信楽のことを思うとき、四方を山に囲まれた坂の多い町並、傾斜面につくられたいくつもの登り窯、にぎやかだった家族、その大黒柱だった父と母の慈愛に満ちた笑顔が浮かんで来る。

信楽焼きの窯場で働く父は、働き者で家族思い。やさしくてしっかりものの母。二人はまだ若く、人もうらやむ仲が良い夫婦だった。母は一〇人もの子どもを産んだ。

当時は、「産めよ増やせよ」のスローガンで子を産むことが国策として奨励されていた。さしずめ母は功労者で、私たちは、「国の宝」そのものだったはずだが、たくさんの子ども(私から見ると、三人の姉と次々増える六人もの妹弟)をかかえ両親はさぞ大変だったろう。

二人は、あの暗い戦争の時代にあって、どんなときにも笑顔を忘れなかった。食糧を手に入れることすら難しく、毎日がいっぱいいっぱいのくらし。それなのに、父や母が嘆いたり、人のせいにするのを聞いたことはない。いつもいたわり合い、働くことを厭わず、真正直に生きる父母の姿。とはいえ、子どもの世界はシビアで、姉妹同士のささいないさかいがないわけではなかった。そんなときも、母はめったに口出しをしなかった。それぞれの言い分に黙って耳を傾け、ものの道理を説くのは父だ。短かくともその一言は効いた。私の辛抱強さも、こうした両親に育まれて身につき、信楽という風土に培われた気質かもしれない。

そうそう、奥田の家では歳の上下に関係なく名前で呼びあっていた。それは、姉妹げんかの度に、私たちがそれぞれ「姉ちゃんが……」と訴えるので、たまりかねた母が「姉ちゃんがでは、どの姉ちゃんか分らへん。これからは名前で言ってんか」と宣言。それ以来、子だくさんのわが家の不文律となったものだ。
姉たちは大きな順に、学校をでるとすぐ働きに出た。それは約束事のようにみえた。一番上の静枝《しずえ》姉ちゃんは、高等科を卒業してすぐ京都に住み込みで働きに行っており、私もいつかは働きに行くのだと小さい頃から思っていた。

父母と姉妹弟

時代は、国あげて戦争につきすすんでいた。夢を育むどころか、子どもだった私たちも挺身隊など少国民としての役割を担わなければならなかった。国中の子どもが遊んでいる場合ではなかったのだ。

ここに一枚の写真（上）がある。父母と、長じてからの私たち姉妹弟の家族写真だ。後列向かって右端が私。これぞ奥田一家の揃い踏みといいたいところだが、たまたま不在だった五女美沙江（私のすぐ下の妹）が写っていない。私たちの背に見えるのは信楽の自宅の仕事場だ。美人の誉れ高かった姉妹（私をのぞいてのこと）たちはみんな華やいでみえる。両親はさすがにとうにいないが、いまだに姉妹弟全員が健在なのは、自慢してもよいだろう。

コナミおばあちゃんの仕事場

父の母、コナミおばあちゃんは、信楽一の器量良し。べっぴんさんの代名詞になっていた。髪は、いつも丸髷に結っていたが、幼い私から見ても姿がよかった。

コナミおばあちゃんは、これまた信楽で一番と言われていた「ナベヨ」という窯元の長男である私の祖父のところへ嫁に来た。父は、コナミおばあちゃんの二番目の子どもで、待望の長男として生まれた。生まれてすぐ乳母がついた。大きな窯元らしく、コナミおばあちゃんにかわって乳母が子育てをしたのだ。

しかし、時代も需要も景気も変化し、おばあちゃんも年を重ねた。信楽では、当時から狸や蛙の置物が縁起物としてつくられ、小さいものはお年寄りが内職で作っていた。私が幼かった頃のコナミおばあちゃんもたった一人でこの蛙づくりをやっていた。コナミおばあちゃんの大きな作業小屋は家とつながっていた。その半分がおばあちゃんの作業場だった。

私のすぐ上の姉のきぬちゃんは、私と違って、近所の子どもたちと鬼ごっこをしたり、缶けりをやったりとよく遊ぶ元気な子どもだった。あまり外で遊ばない子どもだった私は、いつもコナミおばあちゃんのロクロのそばで蛙づくりを見ていた。コナミおばあちゃんは、耳が悪くて聞こえない。いつも大きな声で喋った。

「道子は、なんで外であそばへんねや」と言う。私は、大きな声で、「おばあちゃんが好きやさかい、ここにいてもかまへんか」と聞く。おばあちゃんは「かまへん、かまへん」と言ってくれる。

時々、近くのお豆腐屋さんへの買い物を頼まれる。白い紙と鉛筆をもって来て、買うものを書いてくれる。その紙とお金を持って、私はお豆腐屋さんに飛んでいく。おばあちゃんは字が上手な人だった。お豆腐屋さんのおじさんが「ほんまに上手な字やな」とほめてくれるのが、私の自慢だった。帰りには、貰ったおだちんで黒玉あめを買ってくるのが楽しみだった。

おばあちゃんは、昔の話もよくしてくれた。東京へ行ったこと、人力車に乗ったこと、おじいさんが早ように死んで悲しかったことなど、色々な話をしてくれた。でも、その頃の私は、一年生になったばかり。話の半分以上は、何のことか良く分からなかった。コナミおばあちゃんの傍らで、やさしく大きな声に耳をかたむけながら、粘土で遊んでいるのが常だった。

コナミおばあちゃんの大きな作業小屋の半分は、母の両親が作業場として使っていた。二人で、花瓶とか便器など、さまざまな大きな品物を作っていた。

私の母は、愛知県の瀬戸で生まれた。母の兄(伯父)は、瀬戸焼の窯業試験場で石膏で「型」作りの研究をしていた。その母の兄が、信楽の窯業試験場に先生として招かれた。それを機に、一家は、父母、二人の兄、妹の家族六人で信楽へ移って来たのだ。母が一八歳の時だという。

その頃、父は友人たちと母の家へ良く遊びに来ていた。そうこうするうちに、母のことが好きになり、やがて結婚したそうだ。私は、瀬戸のおばあちゃんに、「それから、どないになったんや」と何回も聞くので、「あとはお母ちゃんに聞きな」と言われてしまう。

いつも続きは聞けずじまい。母には、「仕事の邪魔をしたらあかん」と叱られる。どっちのおばあちゃんも、私たちにはやさしかった。でもコナミおばあちゃんと、瀬戸のおばあちゃんは、仲が悪かった。小屋の入口は左右にあったが、双方が顔を合わせないで済むようにと、父は真ん中に製品を並べる棚を作った。お互いが見えないように工夫をしたのだ。

コナミおばあちゃんの家は、作業小屋の裏の坂道を少し上ったところにあり、一人で住んでいた。私は、小さいなりに、コナミおばあちゃんは寂しくてかわいそうだと思っていた。だから、学校から帰るとすぐコナミおばあちゃんの仕事場へ行った。時々は、お駄賃を貰って、お使いに行って来てあげたり、終日話相手になったりして過ごした。

その年の正月はことのほか寒かった。二日の朝、コナミおばあちゃんが、突然亡くなってしまった。私は、コナミおばあちゃんの側で、ただぼおーとつっ立っていた。おばあちゃんは、もう蛙を作れない。小屋にいてへんようになって、本当に淋しかった。コナミおばあちゃんとは、もっといっぱい話をしたかった。もっともっと聞いておきたいことがたくさんあった。私が七つのときのことだった。

大好きな父、そして弟の死

私は、父が大好きだった。小学校へ入ったばかりの頃、私は麻疹にかかった。学校でうつってしまったのだ。そのあと、房枝《ふさえ》ちゃん、きぬちゃん、みさちゃん、要次《ようじ》、正美《まさみ》の順にうつり、姉妹弟が次々と高熱を出した。八畳の部屋いっぱいに、六人の子どもが寝ていることになった。

高熱のため、「お母ちゃん、えらいわー」「うちもえらいわー」と子供たちが言うので、父も母も部屋の中を行ったり来たり、寝ずの看病が続いた。母は、真ん中に座り込み、水で濡らした手拭いをみんなの頭の上におき、一晩中冷やしてくれた。父が、どこかで氷を探して来て、その氷を細かく砕いて口の中に入れてくれた。熱のある身体には、何よりだった。「うまいなー」と夢中で食べた。

一週間を過ぎる頃、私はやっと起きることが出来た。でも、まだ学校には行けない。

そんな時に、二歳の弟、正美が麻疹になった。五人もが女の子ばかりだったわが家の六人目に、やっと長男・要次が産まれた。両親は大喜びだった。その後、七人目にまた男の子が産まれた。会社中の人たちが祝ってくれるぐらいの大騒ぎになった。

二男の正美は、元気な子だった。サンハライ（はたき）を持って、大人しい兄ちゃん（上の弟・要次）に渡し、自分でも棒を見つけてきて、兵隊さんの真似をする。「カッテクルゾトイサマシク」と、唄いながら部屋中を歩き回っていた。家中に笑いをふりまくひょうきんな末弟は、家族みんなに可愛いがられていた。その二男（正美）が、肺炎になって急逝したのだ。母は、私たちが見ていられないほど悲嘆にくれた。姉たちも揃って悲しんだ。お葬式の時だった。

「正美が死によったのは、道子が麻疹みたいなものにうつってくるさかい、道子お前が死なせたんやでー」

すぐ上の姉に、何度も責められた。

責任を感じた私は、外に出て一人で泣いていた。担任の先生が来てくれた。先生の顔を見て、飛んで行って、ワァーワァーと大きな声で泣いてしまった。

お葬式も終わり、子どもたちも日常に戻った。みんなが少しずつ元気になっていった。夕食の時のことだった。父が、家族に向かって静かな口調で語りかけた。

「いいか。正美がみんなの病気を天国へ持って行ってくれよったんやで。道子が正美を死なせたんと違う、正美はややこ（稚児）だったので、麻疹に負けたんや」

父は、誰にも公平で、どんなときも家族への目配りを怠らなかった。残された私たち姉妹の中に、後々までしこりを残さぬよう、姉たちに言って聞かせてくれたのだ。いま思えば一番つらかったのは両親のはずだ。これらは末弟の死を家族みんなで乗り越えるための必要な手立てだったのかもしれないが、心配りが身に染みた。

父の仕事場

信楽は、焼物の町だ。鎌倉時代中期に始まったと言われる信楽焼きには、七五〇年の歴史と伝統がある。あの頃は、水瓶、種壺、茶壺、茶器、徳利、火鉢、植木鉢など大きな物から小さな物まで幅広い製品を作る工場や登り窯が沢山あった。

　父の叔父の会社には、二〇〇人ぐらいの工員さんが働いていた。父は、そこで登り窯の責任者をやっていた。登り窯とは、山の斜面を利用して、いくつもの細長い部屋をつくり、隣室の余熱を利用しながら焚き上げていく窯のことだ。

　父の登り窯の中は、一段から八段まであった。そこに、職人さんが作った火鉢、花瓶など大小取り混ぜて、きちんと詰めてゆくのが窯詰めだ。これには、熟練した何人もの職人さんの手でも二〇日近くかかる。私は学校から帰るとすぐ父の仕事場へ遊びに行く。邪魔にならないようにしながら、父たちの仕事をじっと見ているのが好きだった。

「道子はみんなと遊ばへんのか」と父に言われる。

「うん、うちは見ている方が好きやねん」

「そうか」にっこり笑いながら、父がうなずいてくれる。

　焼物は、生で一度焼く。これが素焼きだ。窯から焼き上がると、釉薬をかけて二度目に焼くのが、本焼きだ。この工程が終われば、製品の出来上りとなる。窯の中の棚に隙間なく積めて行くのが、父の最初の窯詰めだった。窯の中は高温で焼かれるため、壁の内側がぶつぶつになり、とがった針のようになっている。さわると痛い。狭い棚にくずれないように、隙間なく一個一個、大事に並べてゆく。入口まで詰め終わるとレンガを積み上げて入口をふさぐ。そうして一段づつ品物を詰めていくのだ。

レンガの内側が針のようになっているところに製品を奥から並べていくので、終いには父のシャツはぼろぼろになってしまう。背中から血が出ていたこともある。そんな父の姿をみていて、お父ちゃんはすごい、えらいんやなーと思う。

「道子、土で丸い団子を作ってくれへんか」と父が言う。父は話しながら、一番下の火入れ口の前が広くなっている場所に、木箱を二つ並べる。そこに土を持って来る。

「こうしてな、手で三センチぐらいの丸い団子を沢山作ってくれへんか」

「この団子さんはな、こういうところへ使うんやで」と、私を窯詰めの中へ連れて行って、見せてくれる。さらに「陶板（陶器で出来ている棚）の上にな、丸い団子さんを四つ乗せて、製品を傾かない

登り窯（上）とその中（下）

ように、しっかりのせて、安定させるんやで」と教えてくれる。一人前扱いをされているようで、「うちも窯詰めの手伝いをしているんやな、ちゃんと丸めんとあかんな」そんなことを思いながら粘土を丸めていく。

やっと、窯詰めが終わり、窯に火が入る。一番下の火入口に、火がつけられ、二日間休みなしでボウボウと燃やされる。そして、登り窯の一段目に移る。昼間・夜中と、四人が二人ずつ交替をする。火を消さないために、つきっきりで仕事をしているのだ。夜になると、母が私たちにむかって

「誰かお父ちゃんとこへ弁当を持って行ってくれるか」と聞く。すると、すぐ上の姉が決まって言う。

「道子は父ちゃん子やさかい、道子がええわ」

父と父の仕事場が大好きだった私は、そう言われれば行くしかない。母の作ったお弁当を持って家を出る。

昼間なら、窯場まで裏の土手を登ればすぐだけれど、真っ暗だ。怖々近くまで行くと、明々とした窯場の明かりが見える。やがて父が飛び出してきて、「道子おおきにな」と喜んでくれるのが嬉しい。一緒に窯たきをしているおじちゃんも声をかけてくれる。おじちゃんは、普段は畠をやっている。窯たきの時だけ来ているのだ。いつも、さつま芋やお餅を

持参していた。それらを窯の入口において、灰を被せておくだけで美味しく焼ける。

「みっちゃん、せっかくやから、一つ食べへんか」と渡してくれる。

「おっちゃん、うまいな。おおきに」

「そうか、また焼いてあげるな」居心地がよくて、幸せな時間が過ぎていく。

二段目、三段目と窯の中は、火がごうごうと燃えている。父ちゃんが表側、他の人は裏側にいて、一時間おきに割木をせまい穴から放り込む。その時間になると、「お〜い！　いくどなー」と大きな声をかけあって、真中まで割木を届け、製品に当らないように真っ直ぐに放り込んでいく。私は、遠くからその仕事ぶりを見ている。いつ見ても「父ちゃんは上手やな」と誇らしい気持ちになる。

各窯の下の方に一〇センチぐらいの覗き穴がある。父がしゃがんで見ている。

「道子見るか」と覗き穴から見せてくれる。火鉢やら、花瓶やらが真赤な火の中で、生き生きと喜んでいるように見えた。窯の中で火が舞い上がっている。踊っているようにも見えた。

「美しいなー、火の天国や」

製品と炎が絡み合っているその中で、父が丸い団子さんで詰めた品物はきちんと並んでいる。すごいなーみんな賢いなあと思った。熱いし、少ししか見えてはいないが、目に焼きつく鮮やかな光景だった。

父は窯焚きの間は、夜中に帰って来たり、夜中に出て行ったりの繰り返し。帰って来ると、私たち子どもの布団を肩まで着せかけ、背中をポンポンとたたいて行く。行く時も必ず同じことをしてくれる。時々おしっこにも起してくれる、そしてそっと窯場へ行く。私は小さい頃から良く夜中に目を覚ます。でも寝たふりをしている。

ある朝、雨の音で目を覚ました。

「かなわんなー、学校へ行くのに傘はあらへんし、下駄もあらへんし、イヤヤナー」いつまでも寝床で雨の音を聞いていた。

戦争が始まる前だったのに、すでに生活用品も物資も少なくなっていた。お金持ちや子どもの少ない家はいい。でも私たちは一〇人家族。このうち四人の子どもが、小学校に通っていた。少なくとも傘も下駄も四人分が必要だった。

朝六時頃、父が土間で何やらカタカタやっていた。そして、また窯場へ戻って行った。私は、起きて土間を見た。なんと中高下駄が並んでいた。窯場には、電気の長いコードが沢山ある。このいらないコードを下駄の鼻緒にしてすげ替えたちゃんとした良い下駄だった。

番傘は、あちこちに穴が開いていたが、きちんと四人分を揃えてあった。「父ちゃんおおきにやで」心の中でそう思いながら学校に行った。

父は、いつも子どもたちのことを考えてくれた。子どもが困ったとき、出来る最大のことを黙ってやってくれる父だった。私は父が大好きだった。

何日も過ぎてやっと、窯が炊き上がる。二、三日置いてから製品を窯出しする。そんな時の窯場は，猛烈に忙しい。行っても邪魔になるばかりだから、父の所に私は行かない。けれど、窯焚きが終わり、製品の窯出しも終わって、周りの掃除もすべて終わると、「ご苦労さん会」が決まってわが家で開かれた。おじちゃんや若い人など、窯詰め・窯焚きなどに携わった人たちが十人くらい集まり、無事に上がったことを喜び合って酒を酌み交わす。鍋を囲み製品の良し悪しを語り合ったりもしていた。

信楽では、人が集まると必ず牛肉ですき焼きをする。子どもは、別のお膳で食べるのだが、子どもたちにもたくさん食べさせてくれる。大勢で食べるのは本当に美味しい。この〝すき焼鍋〟は、陶器づくりを通して人と人が温かくつながっていた証明のような気がする。

母の好きなところ

信楽は、五月の二日・三日が祇園祭りだ。神宮神社のお祭りで、その日はお神輿が二台出て、可愛いお稚児さんの行列もある。もちろんたくさんの夜店も出て賑わう。工場も休みの所が多い。みんなでお祭りを楽しむのだ。

母は京都から帰ってきた静枝姉ちゃんと、まぜずしや竹の子の煮物など沢山のご馳走を作る。お祭りの日は、母に連れられ、揃って神社にお参りに行くのが私たちの楽しみだった。

その朝目が覚めると、母の機嫌の良い声が聞こえた。

「きぬ枝、美沙江、道子、みんなはよう起きて見てみー。お祭りに着て行く着物やで、房枝と、きぬ枝は水色の花柄。道子と美沙江はピンクやで。金紗（絹のこと）の着物やさかいな、三尺も二人ずつお揃いやで」

まるで歌うように聞こえた。

みんなが布団からぬけだしてみると、部屋の真中に四人分の着物が並べてあった。私と妹はポックリの下駄。姉二人には、黒塗りの下駄。本当に美しかった。着物もポックリも飛び上がりたいほど嬉しかった。私は、

「お母ちゃんが夕べ寝んと縫うてくれたんやね、おおきに。なーお母ちゃん。なんで二枚ずつお揃いやねん」と聞いた。

母は、「これはな一反物で子どもの着物が二枚出来るんやで」

「へえエ、お母ちゃんはなんでそんなに早うに縫えるの」

姉妹みんなで母を囲む。聞いたり、触ったり、大はしゃぎ。

「お母ちゃんはの、娘の頃お裁縫学校の早縫い競争で一番になったんやで」

母は、少し得意そうに話してくれた。

私たち四人に着物を着せ、神社へお参りに連れて行ってくれる。神社までに行く道の途中に色々なお店屋さんがある。タバコ屋さん、八百屋さん、床やさん、お米屋さん、お風呂屋さん、いつものおじちゃん、おばちゃんたちが外へ出てきて言ってくれる。

「やあー可愛らしいな、きんちゃん（母の名前）の子はみんなべっぴんさんやな」

「おおきにな、ほな行ってきます」

「きいつけて行っといでなー」

姉たちはおしゃべりしながら、「なあお母ちゃん、お店屋さん出ていたら、何かこうてな」と言いながら揃って母の後をついて行く。

「そうやなー。神さんに勉強がよう出来ますようにと、お参りしてからやな」

神社のお参りを済ませ、お店であめ玉を買って揃って帰宅する。祭りは私たち子どもにとって、ハレの日そのものだった。

家には、丸いお膳が二つ並び、それぞれに御馳走が大皿にいっぱいある。父母、姉妹弟の九人で、お祭りのお昼を食べる。

「毎日お祭りやとええなー」

私は思わず言う。姉たちは、すぐ言い返す。

「アホ言ってるなー、二日やさかい楽しんやで」

「毎日やったら、仕事が出来へんもんな。それにそんなにお金があれへんもんな」

「アハハ、うちのお母ちゃんは、ようけややこ生まはったさかい、いっぺんに貧乏になるし」

みんながわれがちにしゃべったり笑ったりと本当ににぎやかな食事だった。

「道子は、さっきから黙っているが、どこか悪いのか」

父が心配そうに聞く。私は「ウウン」と首をふる。すると、きぬちゃんがまた言う。

「道子は弱虫の泣き虫やさかい。食うてる時まで弱虫やな」

姉たちにからかわれても、そんな話で賑わうお祭りが大好きだった。

父兄会の後は母を囲んで

小学校の父兄会があると、母は必ず来てくれた。四人の子どもたちの小さい順に教室を見てまわる。母はいつも、いい着物を着てきた。私はきれいな母が自慢で、母が教室にくるのを心待ちしていた。授業が終わった午後、母の帰って来るのを姉妹で待っている。

「お母ちゃんおかえり」

「ああ～えらかった」

母は、まずは部屋の真中に座って、帯をほどく。そして着物の襟をひょいとうしろへのばしながら、「道子！　お水さん一杯もって来てな」と言う。

四人の姉妹は母の周りに座る。

「なあーお母ちゃん、うちのこと、先生なんて言うてはった」と次々に聞きたがる。小さい順に、「ミサエはな、おとなしい子やなー」

「道子はな、ちゃんとしたええ子やけど、無口やなー、なんでやろうな」

「キヌエはな、元気でやんちゃすぎると先生が言うてはったわ」

上の姉で五年生のフサエには、「よう勉強が出来て賢い子やなと先生言うてはったわ」

母は、一人ひとりにていねいに説明してくれる。居間には笑顔があふれていた。とても穏やかに過ぎて行った幼い日の幸せな時間。あれから長い年月がたった。それなのに、あの時の母の笑顔も着物の柄も、まだはっきりと覚えている。

太平洋戦争の開戦

一九四一年十二月八日、太平洋戦争が始まった。私は、信楽国民小学校の三年生となった。私たち姉妹は、夕方母に連れられ夜のおかずを買いに行くのが楽しみだった。でも、戦争が始まってからは、何を買うのも配給になった。自由には食品も買えなくなった。子沢山のわが家では、配給だけでは、一ヵ月のうちの一〇日ぐらいしかもたない。信楽は、工業地域だから畠も無い。配給制度になったら、それ以外に手に入るものは本当に何もないのだ。母は、畠を少しやっている知り合いの家に、野菜とかお芋を分けて貰いに行く。それを雑炊にするなどあらゆる工夫をして家族九人を食べさせていた。静枝姉ちゃんは、戦争が始まって危ないからと自宅に戻って来ていた。そのうち、父の働いていた会社に行くようになった。

それにしても誰もがお腹をすかせていた。食べられるものは、なんでも食べた。あの頃のことを思い出そうとしても、おなかいっぱい食べた記憶はない。

下着も洋服も配給でないと買えなくなった。お金があっても衣料切符を持って行かないと買えない。衣料切符があって初めて買う権利をえられたのだ。何もなくなって、何時も行っていたお店屋さんはみんな閉めてしまった。下着とか足袋とか、ボロボロになっても買って貰えない。しかも、母はやっとまわってきた衣料切符も、農家に持って行ってしまう。僅かなお米や麦に交換するのだ。もう近くには食品を分けてくれる所はなかった。

母は、近所のおばさんたちと自分や姉の着物を持って遠くの農家に物々交換に行くようになった。信楽鉄道の線路が、鉄砲の玉になるためにはずされたのもその頃のことだ。そのため本線のある駅までバスで行かなければならなくなった。信楽からはバスで四十分。そして汽車に乗り、三つ〜四つ目の駅で降りると、広い田畠があった。駅から一時間ぐらい歩くと、農家がばらばらとある。みんなそこまで食糧品を買い出しにいくようになった。母に「道子、一緒にいってくれるか」と言われては、学校を休んで買い出しに行った。火鉢やすり鉢を持って、物々交換に行く。農家でも、食糧を分けてくれるところはだんだん少なくなって来た。母が、私に言って聞かせる。

「このままでは帰られへん。道子、一人であそこの家へ行って『家は十人家族で何も食べものがあらへん、ちょっとでもわけてもらえまへんか』と、頼んできてくれんか。子どもやったら分けてくれるかもしれへんよ」

「えっ?」

私は嫌で嫌で仕方ない。でも行かなければ食べものが手に入らない。家族のために意を決してやるしかないのだった。

「あの、このすり鉢となにか取り換えて下さい。うち帰られへんさかい」と半べそかいて言ってみる。買い出しにも、子どもの役割はあったのだ。母は、こうした買い出しには、私やすぐ上のきぬちゃんを必ず連れて行った。

買い出しに行くには、朝一番のバスで行く。並ばないと乗れないから、四時頃には起された。寒くて眠くて、いつも目をこすりながら歩いた。バスは、一台しかない。やがて、トラックも出るようになった。荷台に、買い出しの人を沢山乗せて走るトラックは凄まじいものだった。

辛くて泣いた日

今日も、母と買い出しに行った。私は、直径三〇センチぐらいのすり鉢を持たされ、トラックに乗るために並んでいた。そこにトラックが入って来た。その途端、大人たちがせっかく順番に並んでいた列を無視してわあっと荷台に押し寄せた。大人たちは、我勝ちにどんどんと足をかけ荷台に乗り始めた。押された母もすかさず上に乗った。

「早う！　道子も乗り」

トラックから身を乗り出した母が手をひっぱってくれた。でも小さいので、なかなか上手に荷台の上に乗れない。一生懸命足を掛けて乗ろうとした時だった。持っていたすり鉢が、手を離れた。ガチャンという音がして、すり鉢はあっという間に割れてしまった。

母が、「割れた物はもう持っていかれへん、道子は今日はいいからお帰り」と言った。トラックが出て、私は一人取り残された。どうしたらいいのか分らないが、とりあえずここにいてもしょうがない。割れたすり鉢をしっかり抱えて歩き出した。

川の側まで来た。「こんな割れたすり鉢を持っては、家に帰れない、どないしょ」土手におりた。川の水を見つめ長いこと座っていた。ええい！　風呂敷から割れたすり鉢をとり出した。「ゴメンな、そやけど何ですり鉢は落ちたんや」と我知らずつぶやきながら草の中にそっと置いた。

あきらめて土手から上がり仕方なく家へ帰った。私は悲しかった。心の中で「お母ちゃんは、一人で買い出しに行った。悪い事したな、かわいそうやなお母ちゃん」と繰り返しつぶやいていた。

母は、夜になってさつま芋をたくさん持って帰って来た。

駆け寄って、「お母ちゃん、ごめんなさい。堪忍やで」と言うと、母は優しく、「道子、また行ってや」と言ってくれた。

かけ算九九の表は父の労作

四年生になった。放課後、私は担任の先生に職員室によばれた。

「道子さんは、前はよう勉強が出来ていたのに、三年の終り頃からですね。学校を良く休むからダメなのですよ」他の先生に聞こえるぐらい大きな声で叱られた。

都会から来た若い女の先生は、髪は「パント分け」(真ん中からきちんと分けること)にして一束に結んでいた。しかもいつもきつい顔をしていてにこりともしない。この先生には分ってもらえないと思った。

「うちには、家族が一〇人もいるんです。私は、買い出しによく連れて行かれます。でもそうしないと、家族が食べられへんのです」

私も、大きな声で言い返したかった。でも、先生の前では、何も言えなかった。ただ、真っ赤な顔して頭を下げていただけだった。厳しい口調ときりっとした先生の髪型も顔も、

あの悔しさとともに忘れてはいない。その日の夕食時に、

「なあーお母ちゃん、先生が、明日は昼休みに訓練があるからみなさんお弁当を持って来て下さいと言われたさかい、明日は弁当作って欲しいな」と私は母に頼んだ。母は、困った顔をする。

「お米もあれへんし、明日はなーゆるいお粥さんに、芋の蔓入れるさかい。弁当は作れへんなー」

私は、お弁当なしで学校へ行った。みんなが食べている間、運動場にいた。そこには、竹で出来ている登り棒があった。そこで一人遊んで教室に戻った。都会から来た担任（算数）の先生にまた呼ばれた。

「道子さん、まだ九九の段が出来ていないじゃないですか」

すごく叱られた。こんなに叱られるのだったら、辛くても毎日お母ちゃんと買い出しに行く方がましやと思った。そやけど、九九はなかなか覚えられない。うちは阿呆やなー。父も窯焚きがない時は、夕食は家族揃って、みんなで食べる。今日も、丼に一杯ずつの雑炊。子どもたちは、八畳の部屋に寝ころがって、口々に言う。

「お母ちゃんお腹いっぱい白米食べてみたいな」

「そうやなー。今度配給米のある日は、白米だけで炊いてみようかの」

「うまいやろうなー」

「一ヵ月のうち二〇日ぐらい食べんでもええさかい、白米食べさせてえなー」

そんな話をしながら、勉強もしないでごろごろしている。

ある夜、父が食事の後に

「道子、今夜寝る時に天井を見ながら寝てみー」と言う。そして、何時ものように窯焚きの仕事に行った。

私は何やろうなーと布団の中に入って天井を見た。父は、粘土がくるまっていた茶色の紙に、筆で大きく九九を書き、天井に貼りつけてくれていた。

2×2＝4　9×3＝27
2×3＝6　9×4＝36
2×4＝8　9×5＝45
2×5＝10　9×6＝54
……　9×7＝63
……　9×8＝72
9×2＝18　9×9＝81

嬉しかった。うちの大井は黒光りしていて、羊羹みたいに見えることがある。信楽の大きなお菓子屋さんで売っていた丁稚《でっち》羊羹そっくりな色に見えた。

丁稚羊羹は、店主が丁稚どんのためにあんこの残りで羊羹を作ったところそれがとても美味しいので、店でも売るようになったのだという。戦争前のことだったが、お風呂の帰りに母が、この丁稚羊羹を買ってくれたことがあった。美味しかった。

この日までは、布団に入って天井を見上げる度にあの丁稚羊羹を思い浮かべては、食べたいなーと思いながら寝たものだ。でも、それからは毎晩天井を見て九九を覚えた。やれば出来る。

「お父ちゃんおおきにやで」と何回も言った。学校へ行くのが楽しくなった。

信楽の昼食時・夕暮れ時

信楽では、お昼は、みんな自宅に食べに帰る。親たちも仕事場から戻る。子どもたちも小学校六年まではみんな食べに帰る。だから、昼時の街の大通りは、ぞろぞろと列をなした小走りの人であふれる。学校や仕事場から自宅に向かう人たちの行列だ。

学校に戻る時間になると、お店屋さんのおっちゃん、おばちゃんたちが、「早う行かな。もう一時やで。また、先生にしかられるさかい。気いつけていきや」と、声をかけてくれる。

また、信楽では、仕事始めの八時、お昼の十二時、午後の仕事始めの一時、そして仕事終わりの五時に、役場から大きな音のサイレンが鳴る。山にまで響くようないい音だった。ブゥーと、結構長く鳴る。時計を見なくても、人の動きとサイレンで、何事も分る。

私は夕方のサイレンが一番好きだった。父の会社は、私のうちのすぐ上にあった。サイレンが鳴ってしばらくすると、大勢の人達が、坂の上にある会社からうちの横道の坂まで、ぞろぞろと帰って来る。近いので、母もすぐ帰って来る。母は、うちの横道まで来ると仕事仲間のおばさんたちと少しだけ立ち話をする。

「なあーきんちゃん（母の名前）、今夜の代用食何か考えなあかんなー」

「今日は芋の蔓の配給あったでなー」

やがてみんなくつろいだ表情をうかべて帰っていく。

「夕方の時間って、ほんまにええなあ」私は、夕日の坂道をうっとりと眺めていた。

藁草履

「五年生と六年生は、明日は学校から四里ぐらい歩いた山の中の村に行きます。家族が兵隊さんに行って、男の人がいない農家に稲刈りに行くのです。みなさん、遠くまで歩くので藁草履を履いて来るように」と先生から指示があった。

夕方、食事の後に母に話した。

「そんなんあらへん、こまったな、どないしよう。そうや道子、駅の裏のおばあの家は、藁があるさかい、ひょっとしたら藁草履あるかも分からへんよ、これから行っといで。よう訳を言うて、売ってもろうてき」

母は考えながら言う。

「もう暗いし、遠いし、きぬちゃん（すぐ上の姉）に行ってもろてなー」私は頼んだ。きぬちゃんは、「食べた後片付けがあるし、うちはアカンで。それに、道子の方が売ってくれはるかもわからへんよ、明日はな農家の手伝いやさかい、お昼にはな、真白いお米のお握りの大きいのを一個ずつ、食べさせてくれはんで。道子早う行っといで、うちの分と二足やでー」と言う。私は急いでおばあの家に行った。

「こんばんは、こんばんは」と声をかけた。おばあの家では、お櫃から白いご飯をお茶碗によそい、お膳を囲んで食べるところだった。おばあが出て来て、「ないやナベヨの子か」と声をかけてくれたので、明日のことを話した。

「そうか、あいにく今は、作った草履が一足もあらへんな―」

「古い草履でもかまへん二足ないと明日学校へ行けないのです」と、必死におねがいした。うなずいて聞いてくれたおばあは、「ほんならちょっと待っとれ、今編んでやるから」と言って下に降りて来た。

すぐに筵《むしろ》の上に座り、編み始めてくれた。私は、土間の上り口に座り、おばあの手元を見ながら、じっと待っていた。やっと、新しい藁草履が出来上った。おばあは、そっと私の手に渡してくれながら

「お金はな、後で、お父ちゃんからもらうさかい、気つけてかへりや」と言ってくれた。もう九時近くになっていた。駅を通り、神社の近くまでは一本道だ。真っ暗闇の中を、私はしっかりと草履をかかえて急ぎ足で歩いた。鳥居の所には街燈が一本だけついている。

「あぁこわかった。ここまで来たらもう大丈夫やな」とほっとした時、道路に黒い影が見えた。

「わあ　何やろう！　こわいな」

びっくりして足が動かなかった。

「道子やな」父の声がした。

「お父ちゃんか、びっくりしたわ」と父に走り寄った。父は、私があまり遅いので心配して、窯焼きの間に迎えに来てくれたのだ。ずいぶん長いこと神社で待っていてくれたに違いない。父に、おばあが藁草履を編んでくれるのを、ずっと待っていたことを話した。遅くなった帰り道、怖くてずっと下ばかり見て歩いていた私には、待っていてくれた父の姿が見えなかったのだ。

父は、「道子、下ばっかり見てんと空を見てみー、お星さんいっぱい出ているでー。明日は、ええ天気やで。良かったな」

二人で手を繋ぎ、空を見ながら家に帰った。星が降るような夜空をみあげると、その夜の父の温かい手を思い出す。

勤労奉仕で手りゅう弾づくり

私は国民学校高等科一年生になっていた。

当時の義務教育は、六年まで。その上が高等科だった。お金持ちの子どもは、小学校の高等科ではなく汽車に乗って女学校に通学したが、大概の人は高等科に進んだ。高等科に入るとセーラー服が着られた。姉たちのセーラー服姿はとても恰好がよかった。私も、セーラー服が着られるのが待ち遠しかった。

ところが、戦争はますますはげしくなり、心待ちにしていた新学期も勉強どころではなかった。上の姉たちは、すでに軍需工場に働きに行っていた。とうとう私たちも勤労奉仕隊の一員として配置されることになったのだ。

信楽は、焼物の町だ。焼物の工場がたくさんあった。お国の命令で、町中の工場と言う工場は、みんな軍需工場に姿を変えた。父が働いている会社には、大津の方から男子生徒がたくさん来ていた。工場の二階は、学生たちの寮になっていた。母が、こうした学生たちの賄いをしていた。母は仕事の合間に、大きな釜で学生たちの下着を煮沸していた。虱《しらみ》を殺すためだった。

私のクラスは三〇人。行く先は、指示を受けた学校の命令一下だったから、どこに行かされるのか、なかなか分からなかった。やがて行く先が決まった。私が行くことになったのは、家から歩いて行ける工場だった。近くの工場に決まって本当によかった。

工場に行くとバラック建ての教室があった。まるで小さな小屋のようだった。朝八時、何をするのかわからないままみんなが集まった。そこで、高等科の先生を初めて紹介された。この時、みんなが「ワアー」と歓声をあげた。とてもすてきな男の先生だったので、びっくりしたのだ。私も、小学校の時には、母の食糧品の買い出しに同行せざるを得ず学校は休みがちだった。きつい女の先生には、叱られてばかりだったから、男の先生を見てなんだかとても嬉しかったことを覚えている。

その先生は、きびきびと言った。

「さあ、みなさん！　今日からはお国のために頑張ってください。ただちに、この作業着を着て準備をすること」作業服は、国防色の上下。カーキ色は格好がいいとは言えず、頭には、日の丸のはちまきをしなければならない。どうやら、見かけだけで格好がいい先生だなど浮かれている場合ではなかった。

「みなさん！　明日からは、家からこの作業着を着て来ること。そして、この教室に集合。出席をとってから各仕事場に移動するように。いいですね」

先生の言葉には、威圧感があった。その日は、さらに何人かに別れて配置される工場・窯の各行く先の指示があった。

私が配置された仕事場では、陶器の手榴弾が作られていた。両手でしっかり持たないと落としたり、割れたりしてしまう。窯から焼き上がった品物を、十人くらいずつ並んで手渡しで運び出した。さらにリヤカーに乗せ、違う工場に運ぶ。

お昼は、二〇分ぐらい歩いて自宅に食べに帰る。父も母も、家族みんなが昼食をとるために一二時～一時の間に帰宅した。今日もゆるゆるの芋粥。一人丼一杯を食べればそれで終わり。一時には一斉に職場に戻る。

手榴弾が、どのように兵隊さんに使われるのか、私たちには何も分からない。何も知らされなかった。ただひたすら、大人たちの言うことを聞き、朝八時から夕方五時まで一生懸命働いた。

小学校の時には、母の食糧の買い出しに連れて行かれ、学校を休むことが多かった。先生に呼び出されては、「こんなことでは、勉強ができなくなる」と、教員室で叱られて悲しかったが、母が工場は休ませず、毎日送り出してくれるのが嬉しかった。このまま勉強など出来なくてもいいかとさえ思うようになった。

その頃は、一ヵ月休まず工場に行くと、皆勤の人全員にお米の配給があった。一人三升の米が入った袋を渡された。さすがにずっしりと重かった。帰宅するなり大声で叫んだ。

「お母ちゃんー。白い米やでー」

母は、とても喜んでくれた。

「ご苦労さん、今晩は白米を炊こうかのー」

すぐ上の姉のきぬちゃんも同じようにお米をもらって来た。その夜は、一升ご飯を炊いて家族全員で食べた。八人で分けて食べたのだ。おかずは、さつま芋のつるの佃煮だけ。それでも本当に美味しいごちそうだった。

「また　いつ白米が食べられるやろな」

妹たちも言う。父は、大人なのにみんなと同じ量しか食べない。

「今晩白米が食べられたのは、道子ときぬえのおかげやな」

家族が手を合わせて言ってくれる。母は、「工場を休んだらあかんで。兵隊さんがこの手榴弾で戦ってはるんやからな」と言う。

私は、学校を休んで朝早くから満員のバスで買い出しに連れて行かれるより、よっぽど工場へ行っている方が嬉しかった。それでも暑い日も、外で大人の手伝いをするのはつらいものだった。あめ玉一つのおやつもない働きづめの日々は息が詰まりそう。夕方五時になると、役場のサイレンが鳴る。仕事はこれで終わり。本当に疲れる毎日だった。

こうなると、母が一人で食糧の買い出しに行っては、じゃが芋や野菜で雑炊を煮てくれるのが楽しみだった。

仕事場では、否応なしに大人たちの会話が耳に入ってくる。

「今朝も出征兵士を見送ってきた」「昨日は、知っている人の戦死の知らせがあった」とか、話は深刻さを増していた。最後に神風が吹くどころか、不安はざわめきのように広がりはじめていた。出征が死と向き合っていることを知ったのは、終戦を三ヵ月後に控えた一二歳の春だった。

私たちが手榴弾に関わることになったのは何故か。信楽では陸軍から一八万五、〇〇〇個の陶器製地雷薬匡の注文を受けた。大きな窯元二四軒が集まり『信楽陶製武器振興会』を結成して軍に積極的に働きかけたのだ。ところが人手が足りず周辺小中学校から約一、〇〇〇人が動員された。戦争が終わるやいなや残された薬匡を埋めるなどして急いで処分したそうだ。戦場となった沖縄や硫黄島では、この陶器製の手榴弾が見つかっているという。

陶器製の手榴弾は、実際には使われなかったそうだが、何も知らずにかり出された私は、動員されたその一、〇〇〇人の小中学生の一人だったということになる。戦争はいやだ。戦火をくぐり抜けた人間の一人として、二度と戦争を起こしてはならないと思っている。

戦争が終わった

先生から、「お昼に工場の広場へ全員集合するように」との伝達があった。大人もみんな集まっていた。そこに、ラジオから天皇陛下の放送が流れた。みんな黙って真面目な顔で聞いていた。何を話されたのか、私には分からなかった。

夕方、早めにバラックの教室に集まった。先生から、戦争が終わったことを知らされた。

「日本は、戦争に負けたんやで」「これからえらいこっちゃなー」「どないなるやろなー」

大人たちは声高に話していた。お盆で三日ほど休み、また工場に集まった。それから毎日毎日手榴弾の片付けをやらされた。

「ここでみなさんに、お話しておきたいことがあります。戦争が終わる直前の八月六日には広島に、八月九日には長崎に、原子爆弾が落とされました。たくさんの犠牲者・被爆者が出ています」先生は沈痛な面持ちで言った。やがて、促されてみんなで黙祷。お世話になった工場の方々にお礼とさよならの挨拶をして帰路についた。工場への派遣はその日で終わりとなったのだ。

「これから、うちらはどないなるんやろなー」誰かがつぶやいたが、答えられる者はいなかった。私も、分からないなりに不安でたまらなかった。

九月になって新学期が始まった。待ち遠しかった高等科一年生だったが、帳面も鉛筆もない。教科書だけは、姉から貰った。父が、せめてもと苦労して揃えてくれた少しばかりの勉強道具を風呂敷に包み学校に行った。その日からは、これまでの作業着がなくなったので、着ていく洋服がない。姉のセーラー服を着て、モンペに下駄で学校に向かった。

久しぶりに教室に帰って来た。でも、私は少しも嬉しくなかった。何をしても心が弾まない。友人たちは、結構楽しげにおしゃべりしたり、わいわいとはしゃいでいた。

先生が来て、授業が始まった。勉強と言っても、姉から貰った教科書に、先生の指示で何頁も墨を塗って文字を消して行く。そんなことだけで一日が終わってしまう。その上、さつま芋畑になっていた運動場の復元のため、来る日も来る日も、みんなで土を運んだ。

姉たちは、外に働きに行っていた。母が会社から帰って来ると、夕食の手伝いをするのが私の日課だった。と言っても、ほとんどがお芋の入ったゆるゆるの雑炊だ。かまどに火を燃やすのも、私には大変な仕事だった。それまでは、姉たちがやってくれていたのだ。今更ながら、私は何も出来ないのだと気がついた。

一四歳の旅立ち

卒業式なしの卒業

高等科二年生になり、卒業式まで残すところあと僅かになった。ある日、学校を休みがちな私に、先生から「大事なお話がありますので、休まず登校してください」とわざわざ連絡があった。私と同じように学校を休むことが多かった友だちも揃って登校した。先生のお話のあらましは、

「今までは、小学校六年生までが義務教育でした。それから上に進みたい人は、高等科二年まで学校に行きました。今年からは、義務教育が九年間になります。これに伴って、い

までのような高等科はなくなります。小学校六年の上は、新制中学一年生となります。皆さんは、あと一年間、中学三年生として登校してください。でも、高等科二年卒業で、就職が決まっている人は、高等科二年で卒業してください」

というものだった。説明を受けた私たちはすぐに帰宅した。

私は、この四月二日には東京に働きに行くことがすでに決まっていた。クラスでは、私を入れて三人が、高等科二年で卒業した。といっても、卒業式もないまま、学校が終わったのだった。あとの友だちはみんな、四月からは新制中学三年生として通学することになった。本音を言えば、私だって思う存分学びたかった。

上京

その昭和二二年四月二日がやってきた。

私は、一四歳になったばかり。すぐ上の姉のきぬちゃんは一六歳だった。戦争中、父の親戚が、東京から家の近くに疎開に来ていた。その叔父さん一家は、京橋でお菓子屋を営んでいたが、終戦と同時に東京に戻ってみると、自分たちの土地は他人に占拠されていた。

その上、どうしても明け渡してもらえず、やむなく杉並の方にバラックを建てたという。その叔父さんが、知り合いの銀座のあられ屋さんが、女の子を欲しがっていると紹介の労をとってくれたのだ。私ときぬちゃんが働きにいくことになった。

どうせ学校を卒業すると、どこかに働きにでなければならなかった。友だちは、大阪・京都方面に働きに行く人が多かった。

「みっちゃんは、東京なんてうらやましいなー」とみんなに言われた。叔父さんも母も、「東京に行ったら毎日白いご飯が食べられるよ」と励ましてくれた。

行くことが決まり、父の会社の人たちや近所のおばさんたちがもんぺを縫ってお餞別にしてくれた。白足袋、下駄、いろいろいただいた。きぬちゃんと二人、少しの下着を包んだ風呂敷包みを持ち、迎えに来てくれた叔父さんと夕方出発した。叔父さんは、両親に「送ってこないでください」と言っていたから、見送りもなかった。

私はセーラー服に、もんぺ、白足袋に下駄。きぬちゃんは、もんぺの上下だった。母が持たせてくれたおにぎりをしっかり抱え叔父さんの後をついて歩き出した。

信楽鉄道は、戦争中に鉄砲の弾にするため、線路が外されていた。東海道本線の走っている駅まで行くには、一時間ほどバスに乗らなければならなかった。いつの間にかあたりは、真っ暗になっていた。貴生川《きぶかわ》駅から汽車に乗り、柘植《つげ》駅で乗り換えやっと名古屋駅に着いた。私は、これまでこんなに遠くまで汽車に乗ったことはなかった。大きな駅に着いた時には、本当にびっくりした。

駅の階段を下駄の音をカタカタカタカタと響かせて、上ったり下ったり。叔父さんが、「私の後ろを、しっかりついてきなさいよ」と言った。私たちは、大勢の人たちの間を必死になってついて行った。やっと東京行きの列車の入るホームに着いた。

「こんなにホームいっぱいで、この人たちは、みんなどこへ行くんやろうな〜」

私は、だんだん不安になってきた。きぬちゃんが小さな声で、「家に帰りたいなー」とつぶやいた。

きぬちゃんは、家を出てから叔父さんとも私とも一言も口をきかない。やっと東京行きの列車が入って来た。列車の中は、もう人でいっぱい。通路にも次々と座りだした。

叔父さんが、通路のあたりに新聞紙を引き、「さあ、ここに座りなさい」と、私たちをうながした。でも、三人で座るのが精いっぱい。狭くて足も延ばせない。ぎゅうぎゅう詰めになって座った。叔父さんは、「もう乗り換えはないよ。明日の朝になったら、東京駅に着くからね。私にもたれて眠るといいよ」と言ってくれた。

あたりを見渡すと、食糧品の買い出しに行ったような人、復員帰りか兵隊さんもいた。網棚には、荷物がいっぱい。私の頭にも落ちてくるのではと、内心ひやひやするほどだ。

外は、真っ暗闇。何も見えない。ガタンゴトン汽車の音が響く。トンネルに入ったのか、あちこちで窓を閉める音がする。そのうちみんな寝たのか、車内は急に静かになった。じっと耳をすますと、かすかな話し声も聞こえた。

家では、もうみんなとっくに寝ているだろうな。声には出さず、胸の中で問いかけてみる。(東京ってどんなところやろうな。私の東京の知識と言えば、東京には、天皇陛下さんがいてはる。それくらいしか知っていることがない。こんなんで、大丈夫やろか?)

汽車はガタンゴトンと走り続ける。叔父さんもきぬちゃんも座ったまま寝ている。私は、おしっこに行きたくなった。叔父さんを起こして聞いてみた。叔父さんは、「通路に座っている人たちの間を跨いで、お行き」といった。さあ大変。

「すみませ~ん。すみません。ちょっと通らしておくれやす」

私は、必死に叫んだ。

次々と人の肩につかまりながら、やっとトイレの前にたどり着いた。トイレの前も、立っている人でぎゅうぎゅう。身動きもできない。トイレに入らしてもらってほっとしたのもつかの間。叔父さんたちのところに戻るのは一苦労。

と、そこにいた背の高い男の人が、突然私の手をぎゅっとつかんだ。ふりほどこうとしても、「あっちに座るところがあるよ」と、私の手を放そうとしない。そればかりか、さらにひっぱろうとする。目ざとくそれを見つけた叔父さんが大きな声で叫んだ。

「その子は、私の子どもです。ほら、早くこちらに戻りなさい」

周囲の人も見つめる中、男の人は、急にそしらぬ風に顔をそむけた。私は、叔父さんときぬちゃんの側に戻れてほっとした。

「いいかい！　お前さんたちは、どんな人に声をかけられても、おしゃべりしたり、ついて行ったりしてはいけませんよ」

叔父さんは、かつてない強い口調で言った。

初めて見た東京

「さあ東京駅ですよ」

叔父さんに起こされた。私は少し寝ていた。車内は、人でいっぱい。足が痛い。降りて、まわりを見渡した私はまたびっくり。「駅だよ」と言われても、駅はどこにあるのという感じ。歩いても歩いてもホームばかり。

叔父さんが、「今ホームが工事中だから足元に気をつけて。私のあとをしっかり歩いて来なさいよ」と言った。鉄板が沢山敷いてあった。さらに板の通路が長くあって、下駄の音がカタカタとひびく。早く歩けない。人にぶつかる。私は、叔父さんの着物の端をしっかりつかんで夢中になって歩いた。きぬちゃんは何もしゃべらない。黙って歩いていた。

叔父さんが、「お前さんたち、ここが東京駅の八重洲口だよ」と教えてくれた。

(へーこんな大きな駅、これが東京かあー)

長い長いホームと階段をたくさん歩いてやっと外に出た。

広い広い通路が何本もある。家がコンクリートで出来ている。人があまりにも多くて、よけるのでせいいっぱい。びっくりしている暇がない。叔父さんのあとを、黙々と歩いた。

広い道を曲るとまた広い道があった。道の真ん中を電車(都電だった)が走っている。

この道が京橋で、橋を渡ると銀座。角から二軒目の店の前で、叔父さんが立ち止った。

「お前さんたちは、ここでちょっと待っておくれ」そういうなり、叔父さんは細い通路に入っていった。私たちは、やっと周りを見ることが出来た。京橋を渡ってすぐ大きな池のような水たまりがあった。あとで聞いて分かったことは、爆弾の落下で出来た大きな穴が池になったということだった。

街には、早朝にもかかわらずたくさんの人が歩いている。みんな靴をはいてきれいな洋服を着た人ばかり。きぬちゃんは、お互いの衣服に目をやりながら、「うち、恥ずかしいな―」と言った。私は、東京ってこんなに金持ちばっかりいてはるんやなと思っていた。そのうち叔父さんに呼ばれた。お店の裏口からきぬちゃんと二人で入った。せまい通路があって右にお勝手（調理場）があり、左に部屋が二つあった。

家の人たちは、私たちには目もくれない。ただ忙しそうに通り過ぎ、出かけて行った。どこが、どうなっているのか分からない。四畳半の部屋で、女の人と叔父さんが話をしていた。

「お前さんたちここへお上がり」と言われ、私ときぬちゃんはとても緊張して並んで座った。白い割烹着をかけたやさしそうな方がここの奥さんだった。私たちは、黙って頭をさげた。

次に恐そうなおじさんが来た。「旦那さんですよ」と紹介された。

「よろしくおねがします」今度は、小さい声で頭をさげた。部屋の並びに六畳の部屋がある。そこで二～三人、家の方々がいた。叔父さんは、やがて「お前さんたち、奥さんの言うことをよく聞いて、今日からここで一生懸命働くんですよ」と言うなり帰ってしまった。いま考えれば、叔父さんは私たちが早く溶け込めるようにと、わざと早く帰ったようだが（うちらは、何をしたらええの？　どないするんやろな―）、取り残されたわたしたちは不安でたまらない。

入船堂のみなさん

「お前さんたちの名前は？」

奥さんから聞かれた。

「きぬえです」

「私は道子です」

「そう、じゃあ姉さんはきぬちゃん、妹はみっちゃんと呼びましょうね。これから少しずつ店のことや家の中のことをみんなに教えてもらって覚えていきましょう」

奥さんは優しく言ってくれた。その時、まっ白なエプロンをかけた人が、丸いお膳にお茶碗と汁椀とお箸を持って来てくれた。若奥さんだった。

「朝ごはんをたべなさい。夜汽車で疲れたでしょう。おみそ汁はお勝手に取りに来なさい。ご飯はそこのお鉢に入っていますよ」

奥さんも若奥さんも狭いお勝手で何やら忙しそうにしている。

「きぬちゃんお鉢にご飯ってなんやろな」

二人で考えていると、隣の部屋にいた旦那さんから声がかかった。

「これから忙しくなるから、早く食べちまいなよ」

おひつのことを東京ではお鉢とよぶことを初めて知った。もっとびっくりしたのは、お鉢の中に真白いご飯がいっぱい入っていたことだった。信楽では、いまだに雑炊かおイモなのに、こんなものを食べてええのかなーと思いながら、おそるおそる茶碗に入れて食べ始めた。

佃煮で食べたご飯は美味しかった。出来たらお鉢をあけて、もっとお茶碗によそいたかったが、旦那さんに気兼ねして一杯でやめた。お勝手にいる若奥さんにお茶碗の洗い方しまい方を色々と教えてもらった。

九時になった。

「お早うございます」

裏口から三人の女性が次々にやって来た。お勝手にいる奥さんに挨拶してお店の方へ行った。何するか分からないので二人で見ていた。

和服を着た二五歳ぐらいのお姉さんがお店の電気をつけた。あとの二人は一七歳くらいできぬちゃんと同じぐらいに見えた。テーブルの上をふき、灰皿を並べ、お店の入り口のガラスをふくなど掃除をしたあと、奥さんが三人に私達を引き合わせてくれた。

「この二人は進藤さん（叔父さんの名）の親戚で遠くから今朝着いたのよ」

「京《きょう》ちゃん、久《ひさ》ちゃん、花《はな》ちゃん（お店の三人）に、こちらの二人は、姉ちゃんはきぬちゃん、妹の方はみっちゃん」と紹介してくれた。

「みっちゃんはお店の手伝い、きぬちゃんはお勝手の手伝いに決めましょう」

「みんな徐々に教えてあげて下さい。さあきぬちゃんは、お勝手で一緒にやりましょう」

呼ばれたきぬちゃんはお勝手の中へ入った。

「女中に行ったら、そこの奥さんは何もしない。そのかわりに女中が働くんだって」

私は信楽にいる頃、大人たちからそう聞かされていた。でもここの人たちは、何故かみんな忙しそうに働いている。レジのお姉さんが、自分が座っているレジの横に椅子をおいてくれて、「みっちゃん、ここならお邪魔にならないわよ。今日一日は、京ちゃんたちのすることを見ていなさいね」と言ってくれた。

やっと居場所が定まった。

「本当はね、ここは昔からの老舗で、有名なおせんべい・あられのお店で『入船堂』って言うのよ。戦後は、お米の統制でおせんべいがつくれないのでいまは甘味屋さんなのよ。そのうちまたおせんべい屋さんになると思うわ、住み込みって大変だけど頑張りなさいね」

レジのお姉さんが励ましてくれた。

のれんが外にかけられた。店の中には、おしるこ、あんみつ、和菓子のお品書きがあった。一〇時頃になると、お客さまが次々入ってきた。（朝から食べに来るなんて、東京ってすごい）とにかくびっくりすることばかり。

京ちゃん、久ちゃんは、「いらっしゃいませ」と大きな声で言う。お客様の注文があると奥のカウンターのところで「おしるこ一つ、あんみつ一つ」と厨房に通す。少しして「上がりましたよ～」と奥さんから声がかかると、お盆にのせ「お待たせしました、ごゆっくりお召し上がり下さいませ」とテーブルに並べる。

（へえー東京の人ってこんなうまそうなもの食べはんねんなー。ほんまに金持ちばっかり住んではるねんなー）びっくりすることばかり。

お客様が帰ったあとは奥のカウンターの上に器を戻す。（うちは東京弁で話しが出来るんやろかなー、どないしょう）不安な気持ちを抱えながらこうした手順をじっと見ていた。その内、久ちゃんと京ちゃんがお客様の器下げをやらせてくれた。何も分からないうちに、夕方六時半閉店。のれんをレジのお姉さんがしまう。あとの二人は、テーブルや灰皿の掃除をする。

そこへ若奥さんが、「今日は一日ご苦労さんでした、京ちゃん、久ちゃん取りにいらっしゃい」

真ん中にある大きなテーブルの上にお汁粉やきんつばが並べられていた。きぬちゃんの分も入れて五人分ある。レジのお姉さんが、「さあ　みんなでいただきましょう」と誘ってくれた。

私は、お汁粉やお菓子を目を丸くして見ていた。そして、ただ夢中で（なんて甘くてうまいんだろう）と思いながら食べた。

「こんなにおいしいものを食べてええのですか」

私は思わず聞いてしまった。レジのお姉さんが「いいのよ。ここでは毎日お店を閉めたあと、その日に残ったものを食べさせて下さるのよ」と笑顔で教えてくれた。

このお菓子、一つでもいいから信楽の妹弟達に食べさせてあげたいと思った。田舎では母が買い出しに行って、あずきやうどん粉で汁だんごを煮てくれる。それも一年に一回ぐらいのことだったのだから、夢をみているみたいな気がした。

入船堂の店の前でレジのお姉さんと筆者（16 歳）

三人の店の人たちが帰ったら、また何やら不安になってきた。奥の部屋では家族の人たちが食事をしていた。しばらくして奥さんが、「お前さんたちもこちらに来て食事しなさい」と呼んだ。二部屋の一つに、お嬢さん三人、大学生の息子さんが一人、若旦那さん夫婦、奥さんと旦那さん八人家族がいた。

奥さんが、みなさんに紹介してくれた。「あら可愛いのね、よろしくね」と言われた。とにかく信楽弁なのでつい無口になってしまう。

やがて就寝の時間になった。食事をしていた部屋にはお嬢さん二人。六畳の部屋に旦那さんの布団と奥さんの布団、その並びに私たちの布団一組を敷いてくださった。奥さん達と一緒やなんてと思ったが、東京は狭いんやから仕方がないんかなぁ。

二階の二部屋は、若夫婦と女学生のお嬢さんと大学生の息子さん。夜になって、間取りや就寝時の家族の配置が分かった。やっと家のようすが見えてきた。その晩は、食事をする四畳半の部屋で、奥さんやお嬢さんたちが楽しそうにおしゃべりしていた。

「お前さんたちは、今日は疲れたでしょうから早くお休みなさい」

奥さんがそういってくれたので、お勝手のかたづけを終らせて布団に入った。くたくたに疲れていたのに、なかなか眠れなかった。

信楽を昨日の夕方に出て、はじめての東京の長い一日。不安だらけの気持ちできぬちゃんと二人、ただ黙って布団に縮こまっていた。

住み込み二日目の朝

六時起床。すでに奥さんはエプロンをかけて朝食の支度していた。私たちも教えてもらいながら台所を手伝った。ガスコンロを見たのは初めて。マッチで火をつけるのがとてもこわかった。

お嬢さんたちが起き、その部屋に朝食のお膳をととのえる。順々に食事する。若旦那は会社、お嬢さんたちは学校へと出かける。そのあと奥さんと旦那さんが食事。最後に私と姉の番になる。今朝は真白いご飯を二杯食べた。美味しかった。

「お前さんたち　早く店の入口を掃除しなさい」

旦那さんに言われた。通りは、もう人が沢山歩いていた。みんな足早に通り過ぎて行く。男の人も女の人もきれいな洋服を着て靴を履いて、本当に東京はみんなお金持ちなんだなぁと思いながら少し見とれてしまった。

九時になると通いの人たちが出勤。今日は、店の人たちとお揃いのうわっぱりやスカートをいただき着せてもらった。お店の中がコンクリートなので音がしないよう履物は草履だった。赤の鼻緒できれいだった。田舎ではわら草履しか見てないのでうれしかった。

レジのお姉さんは花ちゃんと言った。花ちゃんに「東京はすごいなー。みんなきれいな洋服着て靴をはいてはります。お金持ちばかりなんですなー」と言ったら笑われた。

「みっちゃん、東京は銀座が一番いいところなのよ。一生懸命働いていると色々分かってくるからね」

花ちゃんは、いたわるように言ってくれた。

何がなんだか分からない状態から、お店のこと、おしるこ屋さんのこと、お客さまのことが少しずつ分かってきた。接客も出来るようになった。

ある日きぬちゃんが旦那さんに叱られていた。旦那さんは必要なものがあると、人を呼んでは、「そのなんだよ、それをもってきておくれ」とか「その、なんだわ」と固有名詞をいわないことがあった。

言われたきぬちゃんには、旦那さんの言っていることが分からない。奥さんたちがその様子に気がついて教えてくれる時もあったが、きぬちゃんはこうした助け舟がなければいつまでもとまどっていることになった。それに、調理場に一日立って洗い物をしたりしているきぬちゃんがかわいそうだった。

私は京ちゃん久ちゃんと三人で接客だから、お客様の少ない時は小声でオシャベリも出来る。いろいろなことや東京弁も教えてもらえる。お茶菓子をいただける閉店後のおやつの時間が一番楽しかった。きぬちゃんもその時はみんなと話もした。

雨の日はお客様が少ない。そんな日は、決まって旦那さんのご機嫌が悪い。おしゃべりしていると叱られた。店の奥、正面には障子の丸窓がある。その向こうの部屋がみんなの食事したりするところだった。

旦那さんは、その窓の障子のそばで、キセルでタバコを吸いながら、終日ほとんど座っていた。時々は、窓の障子を少しあけ店をみていたので、私たちの動きもおしゃべりもみんな分かっていた。なにか気がついたことあると、旦那さんは必ず店に出て来て注意をしてくれた。少しずつ寂しさも忘れ東京弁にも慣れてきた。

寝るまでの時間・私たちの居場所

あれから叔父さんは一度も入船堂にはこない。きぬちゃんも私も仕事の段取りが分かって来た。店が終わり夕食の支度はほとんど奥さんと若奥さんがする。

夜、家族の人たちの食事が終わると、「さあ　みっちゃんたちもお食べ」と言ってくれる。私たちが食べていると、家族の人は外の流し台で洗濯をしたり、部屋で何かをしている。私たちは食事が終るとお勝手を二人でかたづけるが、終わると夜の九時頃になってしまう。

家族の人たちは、一部屋にみんな集ってお嬢さん三人、奥さん、若奥さんの五人でいつもにぎやかに話している。そんな時も、誰かしらが縫い物や読書をしているか勉強している。私たちは、その間いる場所がない。

閉店後の店はとても広く感じる。店の大きいテーブルに座って、信楽に手紙を書きたいなぁと思うが紙も鉛筆もない。店の電気は、もったいないのでそんなことには使えない。暗い店の中でも、入り口のカーテンの外は通りのネオンの明かりが見える。私たちは、少しカーテンを開け、歩く人や都電の走るのを見ていた。京橋の街燈がぼんやり見えていた。

「さあお前さんたち、もうやすみなさい」と言われるのは、十一時頃だ。六畳の部屋の角に自分たちの布団一組を敷いて、二人でやっとの思いで布団にもぐり込む。隣の四畳半の部屋では、お嬢さんたちがなにか音をたてながらおしゃべりしているが、昼間の疲れがでるのかいつのまにか寝ていた。

こうして店のカーテン越しに外のネオンを見るのが、居場所のない私たちが寝るまでのささやかな自由時間だった。

(私たちは東京にいるんだなぁ。いま頃田舎は真っ暗なのになー)

あれこれ考える。自分の世界に入れるこの時間が一番楽しいと思った。

(それにしても、高等科二年で卒業して東京に来てしまったが、家のこともご飯炊きも何も満足に出来へんうちらだった。これからどないして仕事を覚えていけるんかなー)

よく考えると、悩みや不安は尽きなかった。

それにしても、入船堂の奥さんはよく働く方で、朝は私たちよりも早くから、夜も遅くまで身を粉にして働いていた。忙しい日々のなかで、私たちを気遣ってくれる奥さんはほんとうにいい方だった。

初めて街の外へ

お風呂は、終い湯が私たちの順番だった。みんなが終わるまで、相変わらず私たちのいるところがない。きぬちゃんにいわれて、「今夜は、ちょっと銀座の街を見に行ってもええですか」奥さんに聞きに行った。奥さんに話すのは、決まって私。きぬちゃんは、若奥さんとは良く話をする。でも大事なことは奥さんでないとだめなのだった。

「そうね。銀ブラして来なさい。早く帰るのよ」と言われたので、二人で夜の銀座にでかけた。外へ出ると、きぬちゃんが、「なーみっちゃん、京橋渡って左に行ったら東京駅やなー。

うち信楽へ帰りたいわー　夜汽車に乗ったら名古屋へ行くのよ」と言い出してどんどん歩き出した。思ってもみないことで私はあっけにとられた。

八重洲口に着いた。駅は明るく人も大勢いた。上京して来た時の駅よりずっと広くてきれいになっていた。八重洲口を外から見たのは初めてだ。駅の中に広いひろい広場があった。「名古屋行き」、「大阪行き」さまざまな行先表示の看板があり、ずらりと人が並んでいる。新聞を敷いて座っている人たちの列が何列もある。こんな夜遅くにみんなどこへ行くんだろうとびっくりした。

思わず私が言った。「きぬちゃん汽車に乗るには、切符がないと乗れへんのよ。お金もあらへんし、みっちゃん駅の人に頼んだら乗れへんかなー」

「なー、信楽へは帰れないよ」

「それはあかんわー」

そんなことを話しながら歩いた。でも信楽に帰れないことは分かっていた。きぬちゃんもあきらめがついたようだった。

「きぬちゃん早よう店へ帰らんと、叱られるよ」「うん」と、二人はだまって京橋通りへ戻った。「今度叔父さんが来たら一緒に帰りたいなあ」きぬちゃんは、なおも悲しそうに言った。

もう一時間以上たっていた。裏口をそっと開けるなり、奥さんにひどく叱られた。

「すみません、ちょっと道を曲ったら迷子になりました」
仕方なくうそをついた。本当のことは言えない。その夜は布団の中で泣いた。

たばこの配給

「みっちゃんは、朝起きるのが早いから、タバコの配給日に並んで買って来ておくれ」と旦那さんに配給の受け取りの用を言いつかった。近所の人たちも「入船堂さんの人ね」と声をかけてくれるようになり、いつの間にか銀座一丁目の人たちとも顔見知りになった。昼間は露店も並び沢山の人が通るが、朝五時頃はとても静かだった。

布団の中で目が覚めると、自転車で「あさりー　しじみー」と貝売りの声、都電がゴウゴウ、チリン　チリン　ガタンゴトン　線路の音もした。

(ああ静かやなあ　朝やなあ)ほんの一時だけれど、耳傾けていると気が休まる音だった。そんな音が私は好きだった。

私は、朝よく豆腐屋さんにも行かされた。水をこぼさないようにお鍋をもって新富町まで歩いて行く。二十分はかかった。きぬちゃんは、若奥さんと二人で食事の支度をしている。水も冷たくちょっとかわいそうになる。

「一二月になると東京ではクリスマスをやる」と聞いた。それはどんなことか、何から何までわからないことだらけだった。銀座通りは、いつも大賑わい。銀座三丁目にある松屋デパートは戦争で焼けなかったので、「PX」というアメリカ人の行くデパートになっていた。

デパートの入り口には、パンパンガールが並んで立っていた。私は、銀座四丁目の交差点の角にあるデパート（今の三越デパート）に昼のおかずを買いに行かされることがあった。そのころはモルタルの二階建で食品が沢山あった。ここにもパンパンガールとアメリカ兵がたくさんいた。

背が高く折り紙で折ったような帽子をかぶってさっそうと歩いているアメリカの兵隊さんはとてもカッコよく見えた。進駐軍の制服は体にくっついているようにピタッとしている。パンパンガールも、とてもきれいな洋服を着ていた。靴もハイヒールを履いている。

お店にも度々兵隊さんと腕を組んで食べに来てくれた。帰った後の灰皿には、タバコの長い吸い殻が山になっていた。

お店の久ちゃんがいつもお茶缶に入れて、おじいちゃんにと持って帰っていた。私も何回か母にその吸い殻を送ったことがある。父はお酒もタバコもやらないが、母はとても喜んで巻き直しをしては吸っていたそうだ。

新しい年、初めてもらった手当

通いの三人は、茶封筒に入った毎月のお給料を受け取って帰って行った。

お正月が来た。お店は二日間お休みだ。元旦の朝、旦那さんがお雑煮を煮てくれた。お膳には、いろいろなご馳走があってびっくりした。いつもより遅い食事で、二つのお膳に家族全員が座った。

「さ、お前さんたちもここにお座り」

旦那さんの指示でお譲さんたちのそばに座った。信楽では食べたことのないタマゴ焼き、カマボコ、本当においしかった。あの感激は忘れられない。旦那さんは浅草寺にお参りに、お譲さんたちもみんなでかけた。久しぶりに静かなお店で、信楽の父に出す手紙を書いた。

夕方、奥さんに「ちょっとここへお座り」と部屋に呼ばれた。

「住み込みの人は、食事から着る物まで支度をするので、いまはお給料はあげてないけれど、今年からは少し渡しますよ。明日は二人で映画でも見てらっしゃい」とお金の入った茶封筒をくれた。東京へ来て初めてお金をいただいたのだからうれしかった。

「来年の正月には田舎に帰れますよ。昔の奉公人は、三年は帰れなかったのだけれど」と奥さんはさらに言う。その夜、布団の中にはいってから、きぬちゃんがそうっと中を見た。

「みっちゃん、百円やでー」と小声で言った。

「そやけど、うれしいなあ」私も小声で返事をした。

翌日、新富町のお店屋さんで下着を買ってきて奥さんに見せた。新しい下着を買ったのは初めてで、うれしかった。お正月が過ぎて、またいつものようにお店も銀座通りも賑わう毎日がはじまった。

テアトル東京のこと

日本で始めて洋画の映画館が出来た。お店の前の京橋通りを渡ってすぐの左側に爆弾で穴があいた土地があった。その場所に映画館が出来た。通りから少し奥に建てられ、とってもステキな建物だった。その前は公園になっていた。色とりどりの花々が植えてあった。夜は、見たこともないステキな街燈も立ち、いままでの暗かった空地がパッと明るくなった。銀座通りは日ごとに変わっていく。

花畑のある公園は、急ぎ足の人も銀ブラの人々も、ちょっと立ちどまって安らいだ表情を浮かべる場所になっていた。映画館は、毎日人の列が続いた。一回一回入替えになるので、「テアトル東京」の建物のまわりを次の時間までみんな並んで待っているのだ。お店の入口は、映画館の前なので店の中から並んでいる人たちがよく見えた。

入船堂とテアトル東京

仲間で来ている人たちは交代で、入船堂のお店に来てくれた。お蔭で、お店は大繁盛。旦那さんも笑顔をうかべていた。テアトル東京のミニ公園の歩道入口に広告塔が出来た。そこからはいつも流行歌が流れていた。

東京見物に来た人たちも立ちどまって、テアトル東京、そして広告塔を見上げていた。京橋の上を歩く人の写真を撮り、その人に写真を売る商売もあり、記念に買っていく人もいた。お店の中からは、そんな光景がよく見え、私もすっかり東京っ子になったような気がした。

突然店をやめた姉のきぬちゃん

とっても悲しい出来事があった。

上京して早くも一年半が過ぎ、やっと仕事にも慣れ、家族の人たちにも良くして頂けるようになった。お店は第二・第四の水曜日は定休日だ。ある休日のこと。旦那さんはでかけ、他の方たちも葉山の別荘に行っていた。

奥さんが「お前さんたちも映画でも見ておいで」と、お小遣いを下さった。いつもは二人で「銀座松竹」で映画を見て帰って来る。今日もきぬちゃんと二人で通りに出た。松屋の前は、やはり沢山のアメリカ人が出入りしている。パンパンガールも沢山いた。銀座見物の人もあふれていた。

露店のおじさんやお兄さんが、「みっちゃん今日は休みかい」と声をかけてくれる。そんな賑わいの中を四丁目まで行った時、きぬちゃんが「みっちゃん、映画は見ないで三越デパートの食堂で、カレーライス食べへんか」と言った。「ええなあ」ということで行く先を変更。二人でカレーライスを食べた。びっくりするほど美味しかった。

「なあ　みっちゃん」ときぬちゃんが話しはじめた。

「今日からうちは店をやめるから、みっちゃん一人で帰ってんか。うちはどうしてもいまの店にはいたくないのよ。やめたいの。だからみっちゃんは、一人で帰ってんか。私が働く所は決まっているから、大丈夫。あとでまた知らせるから、奥さんに何を聞かれても本当に知らないと言ってね」きぬちゃんは一方的にしゃべりまくった。そして、さっさとお金を支払うと手をふって新橋の方へ歩いて行ってしまった。

私は、ただあっけにとられてきぬちゃんの後ろ姿を見ていた。あまりに突然で、驚いて口もきけなかった。これではおいてきぼりだ。気を取り直して、すぐきぬちゃんの後を追いかけた。でもどうしても見つけることは出来なかった。

夕方まで銀座通りを行ったり来たり。きぬちゃんをさがし続けたが見つからない。

(かわいそうに、きぬちゃんはいつも旦那さんに叱られてばかりいたから、辛かったんだろうなあ)そう思いながらお店に帰った。

奥さんに、「あれ、姉ちゃんはまだかい」と聞かれてしまった。しばらくだまっていたが、「きぬちゃんはもう戻って来ない」と泣きながら話をした。それ以上は何も聞かれなかった。

「早く夕食にしなさい」奥さんは、優しい声で言った。

(きぬちゃん、今頃どこでごはんを食べているんだろう、どこで寝ているんだろうなー)

布団に入ってからもそんなこと思うと涙が出てきた。いつも二人で寝ていた布団が急にひろく感じた。もぐっても（今頃どうしてるんかなあ）なかなか眠れない夜だった。

旦那さんが帰って来て、奥さんと話していた。

「どうせ、パンパンにでもなったんだろう」と言っているのが聞こえ悲しかった。私は布団の中で「ちがう、ちがう」とつぶやいていた。翌日、いつものように通いのお姉さんたちが来て変わらぬ朝を迎えた。店が開けられた。レジスターのお姉さんが、「みっちゃん、きぬちゃんは旦那さんと気が合わなかったのよね。もう東京にも慣れてきているし大人だから大丈夫よ」といってくれた。

きぬちゃんがいなくなった分、私が洗い場や店をやるようになり忙しくなった。今までと違うのは、お店が終わって、通いの京ちゃんや久ちゃんやレジのお姉さんが帰った後、淋しくなったことだ。

夕食の後片付けが終っても、寝るまで、相変わらず自分の居場所がない。店の入口のカーテンを少しあけ、きぬちゃんが帰って来ても入れないと困るだろうと思いながらいつまでも外を見ていた。テアトル東京は九時に終る。でも通りはまだ人が沢山歩いていた。

一〇日くらい過ぎて、通いの京ちゃんが、「みっちゃんにだけよ」といってきぬちゃんの勤め先を話してくれた。「すぐ教えてあげようと思ったけれど、もし奥さんに知れて大事になるといけないからいまになったのよ、ごめんね。きぬちゃんが戻されるとかわいそうだから、誰にも話をしちゃだめよ」

きぬちゃんと京ちゃんはとても仲が良かった。京ちゃんが仕事先の相談にのってくれていたことを知って少し安心した。

姉との再会

次の休みの日が来た。私は、映画を見に行くと嘘を言ってきぬちゃんの働いているところへ出かけた。新橋の橋のすぐそばの大きなキャバレー「ショウボート」という所だった。三階に案内された。中は広くて何もない。周りは全面鏡になっていた。真ん中には、たくさんのドレスがぶらさがっていた。鏡の前で座り込んで女の人達がお化粧をしていた。一〇〇人ぐらいはいるだろうか？　なんだろうと、ぼう然としていた。

「あら、みっちゃん来たの」と元気そうな声がして、きぬちゃんがそばに寄って来た。いままで何事もなかったかのような顔で、「ちょっとそこで待っていてね」という。

隅の方に座って周囲をながめた。上半身にタオルだけかけてあぐらをかき、鏡に向かって座っている人、ドレスをあれこれ選んで次々試着する人、鏡の前で自分の姿をみている人、それぞれ勝手気ままだ。それが若い女の人ばかりなのだから目のやり場がない。

私にしてみれば、「本当に、これはどないになっているの」という感じ。たばこの匂いと煙が気になった。きぬちゃんは、髪の係なのだろうか。忙しそうに女の人の髪をまとめ、支度を手伝っていた。次から次へと手際よく何人もの髪を整えている。

きぬちゃんが、「みっちゃん二階へ行ってごらん。まんなかに螺旋階段があるからそこで待っていて。もう少しすると三階からダンサーのお姉さんたちが降りてくるから見ててみ。きれいやで。まだお客さんが来ない時間だから見ていていいよ」と言った。

そのうちきぬちゃんが支配人さんを連れてきた。きぬちゃんが私を支配人さんに紹介してくれた。やがて、きぬちゃんの仕事が一段落したので、隣の喫茶店に入りソーダー水を飲んだ。きぬちゃんは、

「なあみっちゃん、私は支配人に声をかけられてここの仕事についたのよ。はじめはレジで切符売りをやっていたの。でも私がダンサーの人たちの髪をまとめているのを見た支配人さんが『奥田さんは、昼間美容学校へ通わせてあげよう。その代り、夕方からはダンサーの髪のまとめを担当してください』と勧めてくれたの。だから、いま虎の門美容学院へ行っているのよ」

と話してくれた。

私と違って、きぬちゃんはとっても美人だし、ダンサーだってきっと務まっただろう。でもきぬちゃんには美容師の方がもっと向いている。

「いまは見習い美容師やで、旦那さんに怒鳴られているより、よっぽどいいわ」きぬちゃんは楽しそうに笑った。

「きぬちゃん、よかったね」私は心からそう思った。ところが、「みっちゃん、私お金は持っていないのよ。ここ払っておいてな。それにいま移動証明書がいるのよね。みっちゃん、次の休みまでに、奥さんに分からんよう役場に行って、ここの寮へ移してほしいのよ」きぬちゃんはあっけらかんとして言う。

一人になって銀座通りを歩きながら、私がどんなに心配したか、かわいそうに思ったかを考え少し腹がたってきた。それでもきぬちゃんがパンパンになっていなくて本当によかったとほっとしたのも事実だ。このことは奥さんには黙っていようと思った。

次の定休日がやってきた。このときほど、どこへ行っても自由に過ごさせて下さる奥さんをありがたいと思ったことはない。私は、きぬちゃんの依頼通り、中央区築地の区役所に出かけた。我ながら勇気がある行動だがこれもきぬちゃんのためだ。読み書きも出来ないのに、がんばって役所の人に聞きながらきぬちゃんの移動証明書をもらって来た。その足できぬちゃんに会って報告。夕方には店に帰った。

「今日はどこへ行ってきたんだい」奥さんからすぐに聞かれた。きぬちゃんにかかわることは話せない。心の中では申し訳なく思ったが仕方ない。行先はでたらめを言ってしまった。

私は、きぬちゃんが突然入船堂を出てから気持ちが晴れなかった。それが、きぬちゃんに会った途端に安心したのか、ものの見事にふっきることが出来た。

父には、きぬちゃんのことを手紙で知らせた。折り返し父から手紙が来た。父は子ども思いで、いつもありあわせの紙いっぱいに家族の近況を知らせてくれた。家族はそれなりにみんながんばっていた。

私は私だ。ここが私に与えられた場所ならここでやるしかない。自分の力でやりぬこう。私は、一人でやっていける自信も覚悟も出来ていた。

それ以来、来る日も来る日も、朝から晩まで一生懸命に働いた。もう帰りたいとも、みんなに会いたいとも思わなくなった。

私の青春

有名人も来る店で

いつどこで戦争なんかあったのかと思うほど、銀座通りには大きなビルが次々建設された。歩く人々も変って来た。ＰＸも元の松屋デパートに戻った。銀座通りに隙間なく並んでいた露店もみんなどこかに移動するようになった。年端のいかない私にはそのところは分からなかったが、商店の方々の力で、銀座通りが見る見る変わっていった。柳の木もゆらゆら喜んでいるようにみえた。街燈も並んでいる。でも私は露店のおじさんお兄さんに可愛がってもらっていたのでとっても寂しくなった。新橋の方へ移ったようだ。歩道も広くなり東京見物に来る人たちも多くなったように思う。

テアトル東京は毎日映画を見る人でやはりぐるりと並んでいる。

ある日、目を見張るような美人が一人でお店に入って来た。映画館が見えるテーブルに腰かけ、上菓子を注文した。

「ネエー、お姉さん（私のこと）、マッチかライターありますか」と聞かれた。実はライターが店の柱についたのは、ちょうどその頃だった。私は、ライターの使い方を教えるのが自慢だった。

「押すとすぐつきますよ」とこたえると、「あなた可愛い子ね、関西の方ね」言われてちょっぴりうれしかった。その方が次の上映までお店で休むときは、お付きの人が並んでついてきた。あとで、京ちゃんと久ちゃんから「あの人はね、女優の山根久子よ」と教えてもらった。映画では見ているが本物に出会えるなんてすごい。映画に出るとみんなに知られ人気者になる。しかもそういう俳優さんが出る映画はみんなが見たがる。あらためて映画ってすごいと思った。

若原雅夫、田中絹代、上原謙、榎本健一、笠置シヅ子など名を知られた俳優さんが他にもよく来店した。注文を聞くときに直接話が出来るのがうれしかった。事務所が近くだった水の江滝子さんは度々来てくれた。そんなこんなで毎日のお店の仕事は楽しかった。

テアトル東京の椅子あげ

映画館がはねるのは九時だ。夕食後の片付けが早く終った夜、奥さんに断って映画館の前へ見に行った。支配人さんが「おお、みっちゃんどうした」と近寄ってきた。いつも私が朝の掃除をしていると支配人さんも花の手入れをしているので仲良くなっていた。

「私一度映画館の中を見たいのですが？」

「ああ、いいよ」

支配人さんはあっさり言う。

「いまは終ったばかりでみんな座席上げに忙しい思いをしているよ」

本当だ！　入り口で切符売りをやっているお姉さんたちも椅子上げをやっていた。天井が高く座席はきれいな赤色だ。いままで見たことのない映画館の中。うわあぁ、みんな椅子をバタンバタンと一つ一つあげている。

「お姉さん、私もやりたい」と声をかけ、バタンバタンと私も椅子を上げはじめた。

「みっちゃんは小さいから腰痛にならなくていいね」と言われた。それから急いで店に帰ったが、まだ私のお風呂の順番は来ない。

その夜から、夜のかたづけが早く終わった時には、いそいそと椅子上げに行った。ある夜バタンバタンとやっていると赤くて大きなお財布を見つけた。支配人さんに渡した。

「落とした人かわいそうですね」

「そうだね、戻って見えるといいよね。みっちゃんありがとう」と言われた。かならずタバコとか何か落としてあった。今夜も椅子上げに行ってすぐ帰ろうとしたら支配人さんが、「みっちゃん、お休みに映画を見に来なさい」とチケットを三枚くれた。いただいたチケットを奥さんに見せた。「休みに行くといいね」と言ってくれた。二枚はお嬢さんに渡し、私もはじめて洋画を見た。画面の下に文字が出るのでとても疲れた。その日観たのは「赤い靴」だった。

ロンドンのバレエ団に、ひとりの少女が入団する。彼女は団長に才能を見いだされ、〝赤い靴〟のバレエ劇に出演。公演は大成功をおさめ、一躍スターとして認められるようになる。でも、その地位は彼女がバレリーナとして踊り続けることを要求するものだった……。

そんなことも知らず彼女は作曲家と恋に落ちやがて別離。高台にある劇場で舞台に出演していた彼女が幕間に劇場のすぐ下を見ると、そこは駅のホームになっていた。恋人がホームで劇場の方を見上げて立っている。恋人の姿を見た彼女は高台から飛び降りる。その時列車が入って来る。彼女は汽車に轢かれてしまう。恋人がかけ寄り、バレリーナの彼女を抱き寄せる。真白な衣装は血に染まり、赤い靴の片方が線路にころがっていた。その場面だけは、はっきり覚えている。「洋画ってステキだなあ」と感動した。あんなに並んでもみんなが見に来る訳だと納得した。

ある日、エノケンさんが二人で店に入ってこられた。

「ちびちゃん、おしるこください。」

「はい、エノケンさんも、『赤い靴』をごらんになるのですか」と聞いた。

「そうだよ」

「とてもかわいそうな映画でした」

「ほう、ちびちゃんはもう観たのかい」

「でも、画面と字も読むので私はとても疲れました」

「ハハ……」

「私、みっちゃんと言います」

「みっちゃん、今度休みに日劇へ観にいらっしゃい」

エノケンさんは、チケットを三枚下さった。びっくりするやら、うれしいやら。私は、「ありがとう、おおきにです」とお礼を言ったが、実はとても緊張した。「じゃあね」エノケンさんは、私の肩をたたいて帰られた。お店の休みに行けるようにとくれたのだ。京ちゃんと久ちゃんと私の三人で行くことになり、日劇に初めて入った。びっくりしたのは席が一番前だったことだ。

エノケンさん出てきて歌ったり踊ったり、お芝居もあった。立ち上がって見ていたら、エノケンさんが私の顔を見てウインクしてくれた。嬉しかった。何より楽しい休日となった。華やかな場所には、着飾った人々がいた。東京には色々な場所や人がいることをかみしめていた。それにしても東京の人も働いているのかな〜。みんなどんな生活をしているのかなと、とても不思議に思った。エノケンさんは、それからは店には見えなかった。

お店を開ける前に、私には毎日必ずやることがあった。毎朝入船堂のご家族の靴を磨くことだった。女学校に行っているお嬢さんさんたち、大学に行っている息子さん、合わせて七足。裏口の通路に並べてピッカピッカに磨く。とても気持がよい。入船堂のみなさんが「みっちゃんが磨いてくれるとピッカピッカで嬉しいわ」といって下さる。

私もいつか、自分の家族の靴をこうしてピッカピッカに磨いてあげたいと思うようになった。でもそんな日があるかなあ。そんな日は来るやろうか。何の根拠も裏打ちもなかったけれど、幸せな家庭は私の密やかな夢だった。

初めての里帰り

二年目の四月、お店に大工さんが入ることになり、三日間のお休みが出た。

「みっちゃん田舎へ帰ってらっしゃい、本当は姉ちゃんと一緒ならよかったのにね」

奥さんは、きぬちゃんのことを気にかけてくれていた。本当に優しい方だ。一人で信楽に帰る淋しさはあったが、田舎に帰れると思うと嬉しくて、その夜は眠れなかった。

少し貯めてあったお金で赤いトランクも買った。いつもお使いに行く銀座通りの「ワシントン」という店で思い切って買った。奥さんは、はじめて里帰りする私のために、出入りの洋服屋さんに私の半コートをオーダーして下さった。チェックのすてきなコートだった。他にお嬢さんの洋服と靴もいただいた。黒の靴は、私が毎朝ピッカピカに磨いていた靴だった。

私は奥さんへの感謝の気持ちで胸がいっぱいになり、いそいそと支度をした。なんだか女学生みたい。髪を三つ編みにしてリボンをつけると、私はすっかり東京っ子になっていた。奥さんが、夕食後あらためて声をかけて下さった。

「みっちゃん可愛いわよ、早くでかけなさい」奥さんは、裏口まで送ってくれ、

「気をつけてね、お弁当でも買いなさい」とお小遣いを下さった。「行って参ります」あいさつして店を出た。

今までがまんして、一生懸命やってきたので帰らせてもらえるのだと誇らしかった。八重洲口までは二〇分くらい歩く。私は赤いトランクを持って早足で駅に向かった。


若旦那さんは、名古屋にある本社へ汽車でよく出かけた。この頃はまだ座席指定はなかった。出かける時には、いつも私が二時間前に行って座席取りをした。八重洲口の改札口前の「名古屋行き」と書いてある看板の前で並んで待っているのだ。大勢の人たちが列をつくって新聞を開いて座り込んでいる。列車の時間近くになると若旦那さんがみえる。「みっちゃんありがとう、ここなら座席があるね」と喜ばれる。若旦那さんは忙しい方だった。喜んでもらえると私も笑顔になれた。おかげで八重洲口で並ぶ要領は分かっていたので安心だった。

やっぱり今夜も、八重洲口の中広場には列車に乗る人が沢山並んでいる。今日は若旦那さんじゃなくて汽車に乗るのは私だ。(上京して初めて信楽へ帰るのよ)心の中で言ってみる。

私は窓側に座席をとった。後から後から乗ってくる人たち。やはり通路に座り込んでいる。上京して来た時は、どこがホームかどこが駅なのか広すぎて分らなかった。いまは工事も終り、ホームも何本もあり、東海道線もやっと分かって来た。夜汽車に乗ると朝には名古屋に着く。そこから三回乗り換えて信楽に着くと思うと喜びがこみ上げて来た。(きぬちゃんも一緒ならよかったのにねえ)そんなことを考えているうち、ガタンゴトンと汽車が動き出した。東京のネオンの明りがみるみる遠くなって行った。

窓の外は真っ暗。時々遠くの明りが通り過ぎる。いいなあ、窓から見る遠くの家は、どんな人たちが住んでいるのかなあ。車内を見るとみんな顔がどこか明るい。笑顔も話し声も、叔父さんと東京に来た時の状況とはまるっきりちがう。世の中が豊かになった気がする。

でも、私が一番変わったかなあ。髪はオカッパ、セーラー服にもんぺ姿だった私が、今夜はどこかのお嬢さんみたい。周りの人たちは眠っている。私は窓の外を見ているのが好き。もったいなくて、眠れない。上京して来た時のことが、外の景色と同じように頭の中を走っては通り過ぎてゆく。ふるさとに向かう汽車の中で、じわーと幸せをかみしめていた。

何時《なんじ》か分からないが少し眠った。その時、四人で乗っていた大学生が、うしろの座席で楽しそうに話していた。一人の学生が「あの子のでっかいリボン　誰に見せよか髪かざり」と唄い始めた。私は座席から立って四人を見た。彼らは、にっこり笑ってまた唄い出した。その頃「あの子の黄色いリボン」と言う唄がはやっていた。

窓の外はまだ真っ暗（いまどこかなあ、夜中の何時かなあ）、時折遠くの明りが飛んで行くように見える。あたりがうっすら明るくなったころ、ようやく「名古屋、名古屋」の駅員さんの声が聞こえた。駅員さんはいい声をしているなあ。

ホームを降りると、みんなどこへ行くのか、忙しそうにあっちこっちに歩いて行く。信楽へ行くのはどの汽車に乗ったらいいのか駅員さんに聞いた。亀山駅・柘植《つげ》駅・貴生川《きぶかわ》駅そして信楽線に乗る。ここからは乗り換えが多く、列車の旅をたのしんでいる暇はない。やはり朝や昼間の汽車は夜汽車とちがって大荷物を持ったり、買出しのような人もいたりでとても混雑している。

私は赤いトランクをしっかり持って、止まる駅の名前をみていた。父の手紙では、「戦争ではずされていた線路が、鉄砲の弾にならないうちに終戦になった。おかげで線路がみつかった。信楽の人たちが力を合わせて線路を引いたので、いまは汽車が走っている」と書いてあった。

いま、その信楽線に乗っているのだ。信楽を離れる時は夕方のバスで貴生川駅に行った。

今回は明るい日差しの中を汽車が走っている。私は二両つながっている列車のうしろへ乗った。座席は空いていなかったので通路に立っていた。お昼近くになっていたが、けっこう混んでいた。信楽駅までは一時間近くかかる。懐かしい言葉が車内を飛び交っている。

ふっと、母の声を聞いた気がした。前に目をやると、見覚えのある後姿の髪型は母だ！母の髪は少し癖っ毛で、横にはいつもの櫛を無造作にさしてあった。それがまたおしゃれに見えていた。母だ。胸があつくなりすぐそばへは行けなかった。母の声がはっきり聞こえて来る。近所の人たちと買出しに行って来たようだ。

「今日はのお、東京から娘が帰ってくるでなあ、オハギでもつくって食べさせようと、餅米と小豆を買いに行って来たんや」と話している。周りのおばさん達は、「きんちゃん（母の名前）はええのお、ようけ娘はんがいてはって、みんなべっぴんさんで、へえー東京から帰ってきやはるんか」

そんな会話を耳にしながら信楽の駅についた。汽車の中では、私のことに誰も気がつかない。ホームで「お母ちゃん」と声をかけて、駆け寄った。母はびっくりして、「ええ、ないや同じ汽車やったんかいのお」

「ただいま」

あとの言葉は胸がつまって出てこなかった。

駅から神社までの長い一本道、「おかあちゃん、荷物持とうか」と話しかけると、「今日はのお、おはぎの小豆と餅米だけ知り合いの家で分けてもろうて来た。かまへんかまへん」母はニコニコして話をした。

「よう帰れてのお、道子。ええ服着て靴履いて東京っ子やなあ」

母の顔は涙で潤んでいた。

「みんな、道子のこと待っているでなー」と母は言った。やっと神社の鳥居まで来た。

「お母ちゃん、鳥居くぐってお参りして帰ろう」と手を合わせた。母が、

「道子のー、よう買出しの帰り、ここでバスを降りた時に巡査においかけられて走ったなー、それと神社の裏に隠れたこともあったな〜。戦争が終って本当によかったなー」

「この神社からようけの兵隊さん見送ったなー、可哀想に大勢死なはったなー」

と、次々思い出話をする。私にすれば、きぬちゃんのことや辛かったことを話したかったが、帰れたうれしさでもう何も話をする気がなくなっていた。

家の近くに来ると、お風呂屋さん、床屋のおばちゃん達がみんな外へ出てきてくれて、

「みっちゃんよう帰ってきたなー」と言ってくれる。やっと家に着いた。信楽の家はとっても広く見えた。奥の八畳の間、つづきの縁側で弟妹たちが、みちこと言えなくて「イチイ（私のこと）、おかえり」と言ってくれた。

私が東京に行っている間に、妹が一人生まれていた。これで母は一〇人産んだ。すごい母だ。今夜は、母の手作りの大きなおはぎだ。母の煮るあんこは本当に美味しい。五目寿司もあって、久しぶりの信楽弁が賑わった。父はお酒も飲まずタバコも吸わない。そのかわり甘い物は大好きだった。

「今夜のおはぎは、ほんまにうまいのー」と、もくもく食べていた。父は口数が少ない人だが、顔をみていると分かる。今日の父はとてもうれしそうだった。

楽しい時間は、あっという間に過ぎていく。父が、「道子、実はきぬえから葉書きがきてなー」と私にみせた。「いま、熱海で働いている。心配しないで」と書いてあった。

「そやけど何をしているのか、道子今度見て来てくれないか」というのが父の願いだった。熱海の住所と店の名前を書いたハガキを渡された。父は縁側で、「見てきたら知らせてほしい」と、いつもの穏やかな声で言った。

新橋のショウボートにいるのだとばかり思っていたのだからびっくりした。いつの間にそんなことになっていたのだろう。父の伝えてくれたきぬちゃんの近況とその事実は重かった。

三日目の朝が来た。東京へは帰りたくない気持ちと、でも行かなければならないという思いが交錯した。帰るなら夜には着きたいので信楽駅の一番列車に乗らなければならない。

誰にも送ってもらわないことにした。信楽の道をよく買い出しに行っていた頃を思い出しながら、一歩一歩、歩いた。汽車に乗ったその時だった。窓をたたく人がいた。父だった。汽車が動き出しても、父は見えなくなるまでこっちを見ていた。まだ夜明け前だ。

子ども思いの優しい大好きな父。（お父ちゃんおおきに）心の中でそっとつぶやいた。

乗換え乗換えで、名古屋まで来るとほっとする。そして東京行きに乗ると本当に落ち着く。昼間の列車の窓から見る風景は、とても楽しい。山々や家々が飛ぶように過ぎ、楽しかった思い出もガタンゴトンと過ぎて行く。今、私は幸せなのだよね。だから風景が楽しく見えるのだろう。

夕方東京駅に着いた。なぜか銀座が自分の帰る場所になっていた。私の宝物の赤いトランクをしっかり持って急ぎ足でお店に戻った。また、明日からがんばろう。

新装開店した入船堂

お店に戻って驚いた。店の中はみんな壊されていた。大工さんが入っていて、あちこち増築中だった。二階も広くなっていた。

「通いの三人は甘味屋を閉店することになったので、やめてもらったわ」と奥さんからお話があった。お米の統制がとけたので昔のおせんべい屋さんに戻ることも説明してくれた。二階には入船堂の家族のみなさんのお部屋と乾燥場が出来た。一階は仕事場と食堂になっていた。毎日大工さんが入り、日に日にお店が変わって行く。

お店は和風造りにかわり、おせんべい・あられがきれいに並べられた。でも奉公人の部屋はない。夜はみんなの食事が終ったあと、やっとお布団を引くことが出来るのは相変わらずだった。狭いが仕方がない。

開店二日前に、愛知県から奥さんのめいごさんがやって来た。名前はすみちゃんといい私より一歳年下だった。

「色々教えてあげてね」と奥さんに頼まれた。住み込みの人が来たのが何より嬉しかった。あられ屋入船堂の暖簾が変わった。お店の中はガラスのケースが並び、入口は石畳になっていて、私たち店員は和服のような上着が支給された。ちょっと緊張しつつも、「私は銀座の店員です」の自信も出てきた。いままでとちがったお客さまばかり。言葉づかいもちがう。さすが老舗だけあって、昔のお客さまがたくさん見えた。新橋や築地の料亭からも注文があり、私も配達に行った。

奥さんが乾燥場であられになるお餅を切っている。品物が間に合わなくなってくると、私が奥さんの手伝いに乾燥場に上がる。小さく切ったあられを網の上にヘラですくって並べる仕事だ。

半日ぐらい仕事場にいると、冬は眠くなる。そうなると並べるのが間に合わず切った餅がくっついてしまう。奥さんは、私が眠くならないようにと、よく昔話を聞かせてくれた。二・二六事件のことや二〇人の奉公人にお金を持たせて一時帰らせたという震災の時のこと、東京大空襲のことなどを聞かせてくれた。奥さんはお話しながらも、さっさとあられを切っている。私も手が早くなり上手になっていった。閉店後はあられを缶につめる作業もあり、ますます忙しくなった。

すみちゃんと二人で、五〇〇円缶、一、〇〇〇円〜二、〇〇〇円缶と、あられの缶に五色のあられをきれいに詰めてゆく。銀座通りは夜になっても人が歩いている。テアトル東京の前にある広告塔から流れてくる歌がよく聞こえて来る。すっかり覚え、すみちゃんと小声で唄っては仕事をした。宮城まり子の歌もよく歌った。

紅い夕日が　ガードを染めて
ビルの向うに　沈んだら
街にゃネオンの　花が咲く

おいら貧しい　靴みがき
ああ　夜になっても　帰れない

誰も買っては　くれない花を
抱いてあの娘《こ》が　泣いてゆく
可哀想だよ　お月さん
なんでこの世の　幸福《しあわせ》は
ああ　みんなそっぽを　向くんだろ

「星の流れに身をうらなって」とか、淋しいような歌ばかり、二人でよく唄った。その後は世の中が豊かになったのか、明るい歌が流れて来るようになった。私は歌が好きなので、東京ブギウギや銀座カンカン娘もすぐ覚えた。

でも夕暮れに外を見ると、あちこちで子どもたちが、いまだに靴みがきをやっていた。傷痍軍人さんは、ハーモニカを吹いたりアコーディオンを鳴らして寄付を募っていた。痛々しい松葉杖や義足の足元の箱には、僅かな小銭が入っていた。その前を通る度に、宮城まり子のガード下の靴みがきの歌を思い出した。

銀座通りの明るさの中には、まだ戦争の傷跡や戦争孤児など、解決されていない困難や複雑な様相が隠れていた。入船堂も甘味処の店の時とは、客層がまるっきりちがっていた。夜になると、奥さんが接客の仕方や言葉づかいを教えてくれた。おかげで、銀座言葉もすっかり板につき、自然な応対が出来るようになった。

姉のいる熱海に行ってみた

定休日がやってきた。親戚の家に行くと言って、朝早く熱海に行った。初めて行った熱海は、見知らぬ海辺の町だった。どこを探したらいいのか、どこで尋ねたらいいのか皆目見当がつかない。ともかく駅を降り、迷いながらもハガキに記載されていた所在地の町名を探した。きぬちゃんの勤め先と言えば、以前の経緯から美容院だとばかり思っていた。沢山の人に、ハガキにあった店の名前を聞いたが、どこをさがしてもそんなパーマ屋さんはない。熱海というところは、坂道の多いところだった。本当に疲れた。あちこちで聞いているうちに、旅館だったらその名前のところがあると教えてくれた人がいた。

坂を登ってやっとその旅館にたどり着き、お勝手口から声をかけた。

「奥田きぬえの妹ですが、姉はいますか」

「ちょっと待ってね」(ここだ。いた〜。ああ疲れた)

しばらく待たされ、きぬちゃんがなんと和服を着て出て来た。

「やあーみっちゃん　よう来たね」と笑顔であいさつ。

「昼休みやから、ちょっと近くの店でおすし食べよう」と寿司屋に連れて行かれた。

「ショウボートを辞めてな、出入りしていた肉屋の若旦那とかけおちしたのよ、若旦那は東京へ連れ戻されて、いまはここで働いているの」

きぬちゃんの話には、びっくりするやら、あきれるやらついていけない。自分でさそっておきながら、きぬちゃんは当然のことのように私に食事代を払わせた。その上、まだ頼みごとがあるという。開いた口が塞がらないという心境だったが、きぬちゃんのこれから先のこと、「ようすをみてきてくれ」と言った父のことを思うと黙って聞くしかなかった。

姉の美容師免許のこと

「ショウボートで美容師の学校へ行っていた時、国家試験に受かってね。でもいろいろあって美容師免許を受け取っていないので困っているのよ。私は、いまは東京には行かれないの。みっちゃんが訳を言って、代わりに受け取ってここに届けてくれない？」

　きぬちゃんは、さらりと言う。

　熱海が温泉街とは知らなかった。丸一日かけてきぬちゃんに会いに行き本当に疲れた。人を当てにして頼み事ばかり。なんて身勝手な人だろうときぬちゃんに腹をたてながら店に戻った。結局休みを返上、きぬちゃんの要望通り二回も築地の役所に出向くことになった。代理人はこりごりだ。

　父に手紙で知らせた。折り返し父ときぬちゃんからの手紙が届いた。なんと、きぬちゃんはもう信楽に戻っていた。

「実は、もうどこへも行かず信楽で美容院をやるつもりでいる。だから今度は熱海へ行ってきぬちゃんの荷物を受け取り、荷造りして信楽へ送ってほしい」という内容だった。

　私はまた休みの日に熱海に行った。旅館からきぬちゃんの荷物を受け取り、信楽に送れるようそこで荷造りした。旅館の人が見かねて、「こんな大きい荷物を持ってはいかれないでしょう。あとで番頭さんに駅までもっていってもらって、信楽に送ってあげる」と言ってくれた。私はその言葉に甘え、お金を渡してお願いしてきた。

「こんな小さい妹さんに、きぬちゃんはしょうがない人ね」

旅館の人が慰めてくれたが、私の心はいつまでも晴れなかった。

楽しいお風呂帰り

一緒に働いているすみちゃん（奥さんの姪）の親戚の家が世田谷にあった。ある日、その家のすみちゃんの従兄弟で立教大学の学生の実《みのる》さんが、奥さんを訪ねて入船堂にやって来た。「そこの明治ビル一階の入口に学生三人が夜警のアルバイトに来ています。すみ子にも会いたくて来ました。何人かで交代ですが、週に一度はアルバイトで来ます。また参ります」

京橋を渡ってすぐに明治ビルがある。明治ビルは、まだアメリカ兵やその家族のデパートになっていた。実さんは、あいさつに来て以来、時々立ち寄るようになった。私とすみちゃんにお菓子をくれることもあった。

夜警のお仲間の中に明治製菓の息子さんがいて、アルバイトに来るときにお菓子を持ってきてくれるのだという。お店があられ屋さんになってからは、旦那さん用の小さなお風呂しかない。私たちは昭和通を通り歩いて一五分ぐらいの新富町のお風呂屋に行っていた。

いつもすみちゃんと一緒に行く。

すみちゃんが、「みっちゃん　今日は髪を洗わないで急いで上がりましょう。実ちゃんの所へ行かない？」

「えっ！　うれしい」

思い立った二人は、風呂敷に包んだ洗面器を持ったまま急ぎ足で明治ビルへ向かった。入口にカウンターがあり、実さんと友人二人が椅子にすわっていた。実さんは、「僕の従兄妹のすみちゃん、一緒に働いているみっちゃんです」とみんなに紹介してくれた。私たちは、洗面器をかかえてそっと頭を下げた。

実さんのお仲間は、歌の本を広げて唄ったり、色々な話しをしてくれた。私が、学生さんたちに「仕事をしなくていいのですか」と言ったら、「ここにいて出入りする人を見ているのが仕事だよ」「夜警ってこういう仕事ですか」と聞いて笑われた。それからは、時々お風呂の帰りに明治ビルに寄るようになった。

今夜もどちらともなく二人で洗面器かかえて急ぎ足で明治ビルに寄った。その夜は、八人ぐらいの学生さんが集まっていた。楽しそうにロシア民謡を唄っていた。

「みっちゃんたちも唄ってごらんよ」と進めてくれ、歌も教えてくれた。京橋通りも銀座通りもまだまだ賑わっていた。楽しい時間は過ぎるのも早く、私たちはお風呂帰りだということすっかり忘れていた。

気がついて、二人で走った。十時を過ぎ、裏口の鍵はしまっていた。二人で戸をガタガタとやっていたら奥さんが開けてくれた。ひどく叱られた。仕方なく実さんたちの夜警場へ遊びに寄ったことを話した。

「道理でこの頃お風呂が遅いと思っていたわ。もう夜はどこも寄ってはなりません」ときつく言われた。私は、すみちゃんと一緒だから少しは気が楽だった。何日かして実さんが奥さんのところへ来て謝ってくれた。

今日も半日乾燥場で奥さんとあられ切り。母から手紙が来ると奥さんは信楽のことを訊ねる。そして、「みっちゃん　少しだけれどお母さんに送金してあげなさい」と前掛けからお金を出して下さる。母の手紙は、決まってお金を送ってほしいと言う便りだった。奥さんは、何も言わなくとも分かっていたのだろう。ありがたいことだった。

「さあみっちゃん、もう少しだから、やってしまいましょう」とあられもち切りをする。ねむくなるので、奥さんがコーヒーを入れて来てくれる。仕事が一段落すると奥さんは、

「ごくろうさま、今日も甘辛あられが沢山出来たね」とねぎらってくれる。

私にも、おこずかい程度ではあったけれどお給料が出るようになっていた。お給料を頂くと、すみちゃんと銀座松竹へ映画を見に行く。帰りは甘味屋であんみつを食べた。

おせんべいは、お料理屋さんからの注文がよく入るようになった。柳橋からの注文もたくさんあり、閉店後には、二人で都電に乗って配達に行った。隅田川のそばで、橋の上から見る川はとても美しかった。少しロマンチックになっていつまでも川を見ていた。ところが、都電の乗り場に来て、乗車券をなくしたことに気がついた。二人で歩いて帰って、また遅くなり奥さんに心配をかけてしまった。

うきうきピクニック

夜警に来ている実さんが奥さんに、「すみ子とみっちゃんをピクニックに連れて行きたい。ぼくが責任をもって送り届けますから」とお願いしてくれた。奥さんの許可も出て、定休日の朝六時、すみちゃんと池袋の西武線の改札口に行った。

初めて来たので不安だったが、実さんが待っていてくれた。ホームに入ると実さんの友だちが三〇人ぐらいいいた。夜警に来ている七人もいた。服装は、私服の人も学生服の人もいた。彼女だという女性も三人いた。みんな明るい笑顔で肩をたたき合っておしゃべり、ホームいっぱいに賑わっていた。

一つの車両がこの一行でいっぱいになった。すみちゃんも私も髪を三つ編にして、リボンでゆわえ、いつもよりはおしゃれをして行った。友だちの一人が、「この可愛い二人は、オイ、実の彼女かい?」「この人はだれ君の彼女だよ」と大声で話していた。

みんなはしゃいでいるのだ。みんなには、「銀座の可愛子ちゃん、すみちゃんとみっちゃん」と紹介してもらった。何時も広告塔から流れてくる歌とはちがって、みんなで楽しそうに唄っている。よくは分からないが、私も一緒に唄いたくなった。ロシア民謡だと教えてもらった。

歌やおしゃべり、お菓子を食べたりにぎやかだった。信楽の学校では、遠足も修学旅行もなかった。そんな時代を過ごして来た私にとって、奉公に来て初めて味わった楽しい日だった。みんなと行く大人の遠足。窓から見ると山も畠もある。

「東京にも畠があるんですね」と聞いたら笑われた。

「みっちゃん　ここは飯能駅だよ。降りますよ」

大勢が一緒に笑ったり唄ったりしゃべったり。夢のようで私はうれしくてみんなと歩き出した。畠道ばかり、いったいどこへ行くのかしら。

片岡さんという学生さんから、「みっちゃんここ持って、すみちゃんは、この端を持って」と真赤な大きな布を持たされた。「大きな風呂敷ね」と言ってまたみんなに笑われた。四人で布を広げて歩き、唄い出した。とても力強い歌が心にひびいた。

ずいぶん歩いて小高い山に来た。「さあお昼だよ」のかけ声がかかり、あちこち輪になって腰をおろした。おにぎり、パン、お菓子、私たちは何ももっていかなかったのに、沢山ご馳走になった。

東京へ奉公に来て以来、いつも周りに気をつかいながら働いて来た。くったくがないみんなの笑顔をみているとこんな時間があっていいのだろうかと考えてしまう。食事のあとも唄ったり踊ったりした。

「みっちゃんたちも何か唄って」と、恥ずかしかったが、すみちゃんと二人で唄うことにした。私たちは気をつけの姿勢で「銀座カンカン娘」を唄った。

あの娘かわいやカンカン娘
赤いブラウスサンダルはいて
だれを待つやら銀座の街角
時計眺めてそわそわにやにや
これが銀座のカンカン娘

「大きな声だね上手だったよ」みんなが大拍手してくれた。山を下り歩きながら夜警に来ていた片岡さんが、「みっちゃん今日は楽しかったかい」と話しかけてくれた。「こんな歌知ってるかい」と、唄いだした。とてもかっこいい人だ。「おまわりさん聞いたかねおいらの唄を」と、力強く唄ってくれた。あとの歌詞は忘れてしまったが心に残る唄だった。帰り道は、色々なうたを唄いながら歩いた。何回もくり返して唄ったのですっかり覚えた。

一通の手紙

何日かして、私に一通の手紙がきた。この間ピクニックに一緒に行った明治ビルに夜警に来ていた片岡さんからだった。片岡さんは、ピクニックの帰り道に大きな声で「おまわりさん聞いたかねおいらの唄を」と力強く唄ってくれた人だ。

男の人から手紙をもらったのは初めて。きれいな文字で、読めないような漢字の文章が長々と書かれていた。

前は（甘味店の頃）レジのお姉さんに読んでもらったり、手紙の書き方を教えてもらうことも出来た。困った時は何でも相談に乗ってもらえた。でも、レジのお姉さんはいない。すみちゃんは女学校卒業なので手紙を見せて、なんて書いてあるのか教えてもらった。「みっちゃんは可愛い。また会いましょうと書いてあるのよ」とからかわれた。東京に来て、私はいままで新聞も本も読んだことはなかった。おせんべいを焼く工場にはラジオだけが流れていた。小学校の頃を思い出すと、辞書なんて見たこともない。

私は、一生懸命働いていれば、奥さんたちに良くしてもらえる。毎日楽しく働ければよいと思っていた。片岡さんから手紙をもらって、私はあらためて自分が字を読めないことに気がついた。

こうして色々な人たちに出会い、大学生に手紙をもらったりすると、大人になっても字が書けない・読めないなんて、とても恥ずかしいことだという気になった。

夜、乾燥場で片岡さんの手紙をくり返し読んだ。とても悩んだ。休みに便箋と封筒を買ってきて、片岡さんに手紙を書いた。自分たちの部屋がないので、夜はいつも乾燥場で過ごす。すみちゃんと二人の時もある。片岡さんには、読めない字が沢山あること、ピクニックが楽しかったことも下手な字でいっぱい書いた。

ラブレター到来？

返事が来た。両親以外の人から手紙をもらったことがない私は、もううれしくて夜が来るのを待ちかねた。また乾燥場でそっと読んだ。すみちゃんはお嬢さんから借りた本を読んでいた。すみちゃんは親戚だからいいなーと思う時があった。

片岡さんの手紙は、漢字にはみんなひらがながついていた。

「みっちゃん、勉強はこれからでもやれる。いつでも、どこでもやれるんだよ。定休日にみっちゃんに見せたい映画があるので、池袋まで迎えに行く」

と書いてあった。すみちゃんに話した。

「みっちゃん行ってらっしゃいよ。私は実ちゃんの家へ遊びに行くから。奥さんには、みっちゃんも杉並の進藤さん（親戚）の家に行くと言って出かけましょうよ」と言ってくれた。

その日、五反田と言うところへ行った。駅も小さく街や通りも焼跡のままになっているところも多い。映画館でさらに驚いたのは、信楽の映画館より狭いことだった。

「片岡さん、ここも東京なんですか」と聞いた。

「そうだよ、みっちゃんは銀座にいるから分からないんだよ」と言われた。私は、テアトル東京や日劇を目の前に見ながら、銀座を居場所として毎日を送っている。もう四年も東京にいるのに、自分の居る場所以外のことは何も分かっていない。

映画館に入ると中は満員。通路も人が立っていて何も見えない。私がちびだから、片岡さんが自分の靴の上に私をかかえるようにのせてくれた。

「みっちゃん見えるかい『戦争と平和』という映画だよ」

私は、背伸びして見ているのがやっとだった。映画が終わりやっと人込みからぬけだした。先に歩いて行く片岡さんの後ろを私も黙ってついて行った。映画のなかでも、大勢の兵隊さんがお国のために戦争に行き、尊い命を失くしていた。戦場もその死に方も凄まじいものだった。

私が小学生の頃は、日の丸の小旗がうち振られ、連日のように兵隊さんが送り出されていた。あの光景を目のあたりにしてきた私にも想像もつかない映画だった。

私にどうしてもこの映画を見せてあげようと誘ってくれた片岡さんになにか感想を言うべきなのだろうが、何を話せばいいのか分からなかった。結局何も言えなかった。しばらく黙って歩いた。

「みっちゃん　僕の家はこのすぐ近くだよ。ちょっと寄っていかないか」と言われ、嬉しくなってついて行った。

「ここだよ」と案内された片岡さんの家は、軒が続く長屋だった。お母さんが一人座って何か縫い物をしていた。シンプルな部屋の角に荷物が少しあるだけ。あいさつをすると、今日のことをとても明るく聞いて下さった。帰りは、片岡さんが渋谷駅まで送ってくれた。

「みっちゃん、早く平和が来るといいね、仕事頑張って」

ホームで手をふって別れた

電車の中で考えた。誘われたことはとても嬉しかったが、片岡さんが映画を通じて私につかませたかったことはなんだろう。片岡さんの言う戦争の悲惨さや平和の大切さを受け止めることはできたのだろうか。

大学生ってみんなお金持ちばかりだと思っていたが、片岡さんのようにアルバイトをしながら勉強している人が沢山いることも分かった。そんな片岡さんに散財をさせたことを申し訳なく思った。

私も読み書きを覚えたい思いが日毎に強くなってきた。でも奉公人には出来ない。すみちゃんは女学校卒業だから少しはちがう。一日中一生懸命働いていれば幸せになれると思い込んでいた私だったが、やっぱり色々なことが分かった方がいい。もっとたくさんのことを知りたいと思うようになった。

片岡さんの手紙の中には、「一文字でも二文字でも手に書いて覚えるといいよ、また僕が教えてあげる」と書いてあった。手紙を何回も読み返しては、どうしたら文字を覚えることが出来るか考えた。

私には出来ないと、悩むだけであきらめてしまう自分がいやだった。

メーデー事件と片岡さんの死

毎年五月一日は、世界各地で行われる労働者の祭典だ。アメリカで行われた八時間労働制を要求するゼネストがデモの発端となったそうだ。一九五二年五月一日。この第二三回メーデーは、東京の宮城前広場でおこなわれた。ところが、参加したデモ隊が使用不許可とされていた皇居前広場（人民広場）に突入。一部の労働者と警官隊とが衝突し二人が死亡した。無関係の学生たちもこの騒動に巻き込まれた。

もちろん私もすみちゃんも、メーデーという言葉も集会のことも知らなかった。

すべて久しぶりにお店に来た実さんから聞いたことだ。このメーデーの会場には、実さんや片岡さんとその友人たちもたくさん参加していてこの衝突に巻きこまれた。そして、夜警に来ていた実さんの友人二人も警察につかまってしまったそうだ。

「二人は、その後北海道の牢獄に送られたよ。片岡君と僕は無事に逃げることが出来たんだ」

実さんは詳しく話をしてくれた。私もすみちゃんも、お店の中ではラジオも聞かないし、新聞も読まないので、メーデー事件のことなどまったく知らなかった。

私たちに毎日聞こえて来るのは、銀座通りの広告塔の歌ばかりだった。片岡さんが言っていたように、働く人たちにとって戦争は終ってないのだろうか。平和ってどういうことなのだろう。もっと勉強したいと思った。半年後、実さんたちの二人の友人が牢獄から帰って来た。

「あいつら、大学は卒業出来ないだろうなー」

実さんの声は沈んでいた。

それからしばらくして実さんがやってきた。四月から丸の内の会社に就職がきまったこと、夜警のアルバイトは今夜で解散することを奥さんに報告に来たのだという。その際、

「今夜はみんなで集まって解散式です。そこにすみ子とみっちゃんを連れて行きたいので、閉店後少し時間を下さい」と頼んでくれた。

実さんが、「みっちゃん片岡君も来るよ」とそっと言ってくれた。私は、なぜか今夜でもう片岡さんに会えないかもしれないと思いはじめていた。

お昼のおかずを買いに外出した時、急いでデパートに寄った。片岡さんへのプレゼントを買うことにしたのだ。小説家が使うような黒で丸い太めの万年筆を見つけた。これは高いのだろうなーと思ったが、思い切って買うことにした。片岡さんに、また私に手紙を書いてほしいと思ったからだ。これで先日のお礼が出来ると思った。

明治ビルの入口に行った。すでに実さんの仲間が二十人ぐらい集まっていた。みんなピクニックに行った人たちだった。

「ようぉーみっちゃん、すみちゃん、きれいになったね」

笑顔で迎えてくれた。片岡さんも抱きしめてくれた。青年歌集、第二篇三篇と広げ、みんなで歌を唄いだした。胸に沁みるような歌だった。

その数ヵ月後、実さんが背広姿でお店に来た。奥さんに勤めの報告をしたあと、「もう学生の頃のように来られないので、閉店後一時間ほどみっちゃんとすみ子を喫茶店に誘いたいけれどいいかな」と奥さんの了承を得てくれた。

実さんは、私たちを銀座の月ヶ瀬に連れて行ってくれた。

上菓子をいただいたあと、実さんが、「みっちゃん　話しておきたいことがある」と改まった口調で言った。静かな声だった。

「片岡君はね、この二月に自殺したんだよ。友人が集まって彼の遺品を整理していたら手帳が見つかったんだ。そこには、世の中の矛盾や悩み事がびっしり書かれていた。終りのページに、『こうして書いているこのペンは、みっちゃんが働いて得た大切なお金で僕にプレゼントしてくれた万年筆である』って書いてあったよ。早く知らせたいと思ったが、いろいろ考えて今日になった」

辛い報告だった。

片岡さんが自殺したなんて信じられない。死ななければならないほど悩んでいたことも知らなかった。片岡さんは、歌が好きですぐ歌って聞かせてくれた。いい声だった。あの歌はもう聞けない。正義感が強く、平和や自由について真剣に考えていたのに、矛盾だらけの社会に自ら決別してしまった片岡さん。私が大学生だったら色々話を聞いてあげられたのだろうか。

私には何も出来なかった。

でもこれだけは言える。私を成長させようと働きかけてくれた片岡さんは、私の恩人。あの万年筆は青春の形見だ。

私の病気・入船堂を辞める

入船堂は老舗だけあって、昔からのお客さまで忙しくなって来た。そこでこの四月には、旦那さんの田舎の岐阜県から、住み込みの男の子が二人入ってきた。丸刈りの頭で中学校を卒業したばかり。本当に小さくて可愛いでっちどんだ。

やはり夜汽車に乗り、朝工場にやって来た。旦那さんは、朝五時頃から石釜の前に座り毎日おせんべいを焼いている。私たちが寝る部屋は、食事場と仕事場も兼ねている。二人はそこで緊張して座っていた。

上京した私ときぬちゃんがここに連れてこられたあの朝を思い出す。二人には、すぐ朝食の支度してあげると美味しそうに食べた。少したって旦那さんが、「でっちどん、お前さんたち早く食事しちまいなー」と言った。二人はもじもじしていた。

「早くしろ」とどなられて、またお膳に座り食べ出した。私と奥さんとで、お勝手から見ていて吹き出して笑った。でっちどん二人は、やはり旦那に何時も叱られている。

「早く仕事を覚えるといいよ」とやさしく声をかけてあげる。二人は、そうちゃんとごんちゃんと呼ばれることになった。二人は、乾燥場で布団を敷いて寝る。仕事が終わると乾燥場でけっこうおしゃべりもした。ちょっぴりお姉さんになった気がした。

東京に来て五年近くになった頃、毎日頭痛がするようになった。あまりひどくて、仕事をしていられない。奥さんが近くの耳鼻科に通院させてくれた。お店の時間をみては病院へ行った。

鼻の中を洗ってもらうのがとても痛い。毎日骨に針をつき通し左右の鼻袋を洗う。蓄膿症と診断され、手術を勧められた。信楽の父に相談すると、「帰って来てこちらの病院で手術するといいよ。もう良く頑張ったのだから、ゆっくりするといい」との返事をくれた。奥さんに話すと、「お金のことは心配しなくてもいいから、良い病院を知っているのでそこへ行きなさい」と言い、病院には前もって話をしておいてくれた。

神田にある神尾病院は、いまのようにベッドが沢山ある大きな病院ではなく、二階建ての和室の病院だった。でも、耳鼻科としては名のある良い病院だということだった。お店を一ヵ月近く休ませてもらうのは心苦しかったが、手術を受けるよりほかなかった。赤いトランクに着替えを詰め一人で入院した。

全身麻酔だが、鼻の骨をたたいている音が頭にガンガン響く。それだけは分かっていた。

一週間ぐらいは顔がはれ上がりブルドッグのような顔だった。こんな痛い思いは二度としたくないと思った。悪性蓄膿症なので、オデコの上の方も悪かったそうだ。後から「女の子だから顔の手術はやめておきました。口の中から届くところまでは手術をしておきましたよ」と院長先生にいわれたが、かなり大変だったらしい。どうにか一ヵ月で退院した。

店に戻ってみると様変わりしていた。若奥さんに二人目の赤ちゃんが誕生していた。通いの店員さんが一人増えていた。昔働いていた職人さんも戻って来ていた。若旦那さんは、会社をやめてあられを焼く窯にいた。いつも奥さんとおせんべいを切っていたが、いまは機械が入っていた。機械がみんな切ってくれるのだ。一ヵ月のうちに、こんなに工場の中が変わるなんて、びっくりした。仕事は楽になったように思えたが勝手がちがって来た。

手術後でもあり、しばらくは毎日神田まで通院させてもらった。そんなわけで、お休みに多少のお小遣いはいただけたが、入院費を出してもらったのでお給料はなし。一ヵ月もの入院で店にいなかったためか、私の持ち場はまだない。具体的な指示がないので、工場に入っても、お店に行っても決まった仕事がない。自分の力を出し切って働けない環境というのは、楽しくないものだ。私はこのままずっと住み込みでいるのかな。（展望がみえない）しばらく悩みの多い日が続いた。

休みの日に、東京へ連れて来てくれた叔父さんの家に行って相談してみた。

数日後、叔父さんがお店に来て奥さんと相談してくれた。私は、奥さんに呼ばれた。「みっちゃん　店を辞めたいのなら、いまなら店には人出が足りているから辞めていいんだよ」と言われた。私自身は、そこまで考えていたわけではなかった。でももう引き返せないところにきてしまっていた。

叔父さんはあっさり「さあ　荷物まとめなさい」と言う。荷物と言ってもたいしたものはない。赤いトランクと茶箱の小さいのを持ち、奥さんと若奥さんにお礼を言った。あいさつはこれでおしまい。

余りにもあっけない別れだった。叔父さんと二人で裏口から出た。店が終わった時間帯だったこともあり、すみちゃんにも他の誰にもあいさつも出来なかった。これが五年間の住込み生活のピリオドだった。

叔父さんが茶箱を背負い、歩き出した。夜の銀座通りはまだ賑わっている。五年間ここで働き、ここで暮らした私の荷物は、赤いトランクと茶箱一個。トランクをしっかり持って私も歩き出した。外の賑いもネオンも何も変わってないのに、何か大切なものを失くしたようなたまらなく寂しい気持になっていた。

叔父さんが電車の中で、「みっちゃん　これが潮時かもしれない。もうあそこは、みっちゃんが長くいるところではない。しばらく私の家にいるといいよ」と言ってくれた。

転職そして「オーミ陶器」へ

叔父さんの家もそう長くいられるところではなかった。そろそろ働かねばと思うようになった頃、銀座のあんみつ屋さんで働いていた人が次の仕事の世話をしてくれることになった。この方の紹介で、銀座四丁目三越横にある四階建のとんかつ屋さん「モーリ」で働くことにした。

そこでは、就職の保証人が必要だった。父の従兄がやっている「オーミ陶器」が、二年前から信楽製品の支社を杉並の方南町に出していた。入船堂にいる時に、何回か遊びに行ったことがあった。今回は、このオーミ陶器の社長に保証人になって欲しいと頼みに行った。社長は快諾してくれた。

私は、また銀座で働きだした。入船堂の奥さんの仕込みと経験のおかげで、仕事は全く苦にならなかった。新橋に社員寮もあって、お給料もそれなりだった。半年ぐらいして、方南町へ遊びに行くと、「道子さん、うちで働いてくれないか」と言われた。思いがけないお誘いに少し迷った。でも社長は父の従兄弟だし、専務・社員の二人もみんな信楽の人たちなので楽しく働けそうな気がした。

そこで「モーリ」を辞めて社長の家の住み込みとして働き出した。

仕事は、社長の家族と社員の食事の支度。奥さんは小さい男の子が三人いるので、会社の仕事は手伝えない。

オーミ陶器は小売店に卸す問屋なので倉庫が広い。朝早くから会社の掃除から食事の支度、お客さまのお茶入れと、一日中とても忙しい。銀座の店は奥さんはじめみんなが仕事をしていたが、いまはなんでも屋の女中だ。銀座とちがって辺りはひらけてはおらず、夜は田舎みたいに淋しいくらい静かだった。

はじめの頃の私は、東京は住みよいところで、お金持ちばかりと思っていた。片岡さんが「みっちゃんは銀座しか見てないからなー」と言っていた通りだ。急にその片岡さんの言葉を思い出した。

私は何も分かっていなかったのだ。

方南町のバス停近くにお店屋さんのある少し街らしいところがあった。そこへ、毎日のように買物に行く。

「あんたかい今度来た女中さんは」

八百屋さん魚屋さん酒屋さん、みんな物めずらしそうに口々に言う。そうだ、私はやっぱり女中なんだ。でも住み込みはみんな女中仕事だ。起きてから寝るまで仕事がある。銀座とちがって、お勝手から何もかも、設備がゆき届いてない。色々分かって来ると、また銀座とちがった辛さがある。

でも、今さら信楽へも帰りたくない。泣き言など言っても仕方がない。それならどこへ行くというのか。親戚だからと言って、甘えがあったからだと自分に言い聞かせ、頑張って行こうと思った。

信楽からトラックで荷物が入ると、あちこちの小売店やデパートの仕入れ部などから、毎日お客さまが見え、会社は忙しくなった。私も家事の他に、夜も遅くまで接客の手伝いをするなど大忙しだった。

朝から大きなトラックが続いて、本社から荷物が入った。全員で大忙し。そんな時、池袋からほど近い東長崎の渡辺商店の番頭さんが仕入れにきた。「ああ渡辺さん、ちょうどいいところへ来られたな。ちょっと手伝ってくれませんか、今日はええ品が入ってまんね」と専務が調子よくお願いをした。

番頭さんは断りきれず、「いいですよ」とトラックの荷下ろしを手伝ってくれることになった。番頭さんは前かけをしめ、なりふりかまわず働いてくれた。おかげで午後にはすべての荷下しが終った。

「お疲れさまでした」と声をかけあい全員が事務所でひと休み。玄関でみなさんの履物をそろえていたら、番頭さんの草履の鼻緒が切れていた。私はみなさんが休んで居る間に、鼻緒をすげてあげようと思ったが、紐らしき物が見あたらない。仕方なく赤い布切れを鼻緒にすげた。少しきつかったので私が履いて外を掃除していた。

「道子」

専務の大きな声。

「渡辺さんの履物の片方を知らんか」

「はい、切れていたので私がすげて、いま履き慣らしています」とこちらも大声で返事。玄関に戻り、「どうぞ」と番頭さんの足元においた。番頭さんは、照れているようすだった。慌てて「すみません」と言うなり自転車で帰って行った。

「今日はご苦労様でした」

私は、その背に向かってお礼を言った。

世の中は、少しずつ豊かになって来ていた。大きな火鉢、植木鉢、インテリアに使うような大きな花瓶が売れるようになり、デパートの方、小売店の方と毎日お客さまが仕入れに見えるようになった。

本当に忙しくなって来ていた。私は、お勝手もやりながら接客もした。ある日の夜、社長からほめられた。

「道子さんは、言葉づかいもきれいだし、接客も上手だし良くやってくれるね、来てもろうて助かっています。やっぱり銀座で仕込まれたんだね、遅くまでご苦労さん」と言われた。

銀座の商店とちがって、卸問屋の商売のやり方も分かって来た。上級のお客様には夜にはお酒を出し、タクシーを呼び、おみやげを持たせる。その際は、全員外に出て見送りをするのが習慣になっていた。

オーミ陶器も東京に進出して、デパートにまで収めるようになり、商店への配達も増えて来た。番頭さんはオート三輪で毎日配達、社員もさらに二人入った。

夜は毎日のように遅くなる。社長の住まいとつながっているので、事務所の人たちが帰らないと私は寝ることが出来ない。月末になると、専務と番頭さんがお得意先に集金に出かける。帰って来るのは夜中だ。一二時頃になっても、「あそこの店はどないですか」「ここはよう売れていますす」と話が弾んでいる。いくら待ってもなかなかお開きにはならない。

それどころか、

「そういえば、東長崎の渡辺商店の番頭さん、毎日赤い鼻緒の草履が気に入って履いているんだそうだ。『赤い鼻緒のつっかけ草履～なんて唄いながら仕事をしていますよ』と奥さんが番頭さんをからかうように言っていましたよ」などと話している。

私は、そろそろみんな帰ってくれないかなと思っていた。まだ後片付けもあるのだ。「ホーキに手ぬぐいをかけておくと来客が早く帰る」と聞いたことがあったので、お勝手にホーキを立てては、帰宅を願ったものだ。

ある夜いつものように、集金帰りの番頭さん、社長、専務が話をしていた。

「『道子さんをうちの息子の嫁に』と言っています」

「いや、方南町の酒屋からも言って来ているな」

「あちこちからみっちゃんの縁談話が社長のところへ来ているよ」

「まだ早いやろ」

答えているのは専務だ。そんな会話が時折お勝手まで聞こえるようになっていた。面と向かっては、そんな話はどこからも来ない。それってみんなのガードのおかげなのかしら?

「や～だ。私まだ二十一歳よ」

心の中でつぶやいてみる。私にとって縁談話など他人事だった。一方専務は、とても良く働く渡辺商店の番頭さんの人柄に惚れこんでいたようだ。

きっかけは仕事始めの夜

年が明けてその日は、初荷を仕入れにきたお客さまで一日忙しかった。夜は、事務所で大事なお客さま五～六人を接待していた。お客様が帰る時には、何時ものように一人一人外まで見送りをして、タクシーで気持ちよくお帰りいただく。渡辺商店の番頭さんも帰るというのでタクシーを呼んだ。その時専務に、「道子、番頭さんは酔っておられるから、東長崎の渡辺商店まで一緒に乗ってお送りしてくれ」と言われた。

確かに酔っていた。私は前かけをしたまま、一緒にタクシーに乗りこんだ。

西武池袋線の東長崎駅の近くで、運転手さんに行く先を聞かれたが、私は分からない。番頭さんは酔っていてこたえられない。やっとせともの屋を見つけて裏口から送り届けた。

渡辺商店の奥さんが出て来るなり、仁王立ちになって、「こんな夜中に女一人で送らせるなんて、オーミ陶器さんもどうかしている」とひどく叱られた。その時の事は今もはっきり覚えている。番頭さんはぐでんぐでんに酔っぱらっていた。私は待たせてあったタクシーでそのまま方南町に戻った。

その頃事務所では、社長や奥さんや番頭さんたちが、私が急にいなくなったと、大騒ぎをしていた。あちこち捜していたところへ私が戻って来たのだ。

「ただいま、渡辺商店まで無事お送りして来ました」と言うなり、「こんな夜中に女一人でどこへ行っていたんだ」と社長と奥さんに叱られた。

「専務さんに頼まれたので、送ってきました」と何回言っても聞こうともせず、「専務なら、とっくに酔っぱらって二階で寝ているわよ」と誰もとりあってくれない。

「何人ものお客さまを見送っていたので、分からなかったんだね、早く寝なさい」

やっと社長がとりなしてくれた。年明けの仕事始めは大騒ぎで終った。酔っ払いはいやだなーと思った。なんだか報われない。私は布団の中で泣いた。

それにしても銀座の商売とは大違い。商売によってやり方があることも分かった。卸問屋の商売も小売店も、商売はこうして成り立っていた。商談には、お酒、お食事、その他の接待など色々あることもやっと見えるようになった。

「赤い鼻緒のつっかけ草履」と初デート

あとになって分かったことだが、専務は私が商人に向いていると思っていた。また日頃から目をかけていた渡辺商店の番頭さんと私を、ゆくゆくは妻合《めあわ》せようと勝手にお節介をしたようだ。

私は読み書きこそ得手ではないが、接客をする仕事は好きだった。またお客様からも「笑顔がいいね」「元気な声を聞くとこっちもやる気になるよ」「この仕事向いているね」などといわれるのも嬉しいことだった。

そうだ、女中でもいい。自分に出来ることは一生懸命やろうと思い直した。思えば、言葉づかいも接客の仕事も、入船堂の奥さんがみんな教えてくれたことだった。

渡辺商店の番頭さんは、仕入れに見える度に、事務所で専務と長話をしていく。しばらくして渡辺商店の番頭さんから、『送ってくれたことを感謝している』というお礼の手紙を受けとった。

その手紙がきっかけとなり、いつしか互いに手紙のやりとりをするようになった。赤い鼻緒のつっかけ草履が本当に縁結びとなったのだ。番頭さんは高久三男さんという名前だった。早速、専務に報告した。

ある日、専務と三男さんと私の三人が新宿の喫茶店で話し合った。専務が三男さんに先々のことを聞いてくれた。三男さんは、二〜三年先になるが自分のお店を持つつもりだと、自分の抱負を一生懸命報告してくれた。専務はこれにこたえて、

「それなら、道子は本当にいい子です。愛想もいいし、しっかり気配りも出来る子です。三男はん、早ようお店を出せるよう頑張って下さい」

真面目に私を売り込み、三男さんを激励してくれた。こうした積み重ねもあり、お休みの日には、三男さんと連絡を取り合ってデートをするようになった。

せともの屋さんで見習い

代田橋のせともの屋で女中をほしがっているという。

「ちょうど良い、見習いだと思って行った方がいい」という専務の熱心な勧めもあり、オーミ陶器を辞めて移ることにした。三男さんと所帯を持ってせともの屋をやることになるのなら、少しでも品物にさわり、教えていただこうと行くことを決めたのだ。また住み込みで働くことになった。

行ってみると、けっこう大きなせともの屋さんだった。

その日からお店に出られるのかと思ってはりきっていたが、とんでもなかった。いままでの女中さんは三日ともたず、みんな辞めて帰ってしまうというのが近所の評判だった。

旦那さん一家には、小学校入学前の男の子と赤ちゃんを入れて五人の子どもさんがいた。毎日朝早く起きて、オムツをバケツ一杯手洗いする。それから裏の狭い場所に外竈があり薪でご飯を炊くのだ。

一人だけ住み込みの番頭さんがいた。十人分の食事の支度をして、お膳立てをすませた頃、旦那さんと奥さんが起きて来る。みんなが食事をしている間に洗濯物を干す。午後は、一時間ほどお店に出て、番頭さんに品物の名前、包み方を教えてもらう。だんだん仕事の段取りが分かって来た。時間をつくり、短時間でもお店に出てせとものにふれるよう工夫した。

冬には、顔にも手にもしもやけが出来てつらかった。人知れず泣いたこともある。それでも番頭さんは「みっちゃんがオーミ陶器さんの親戚だと言うので気を使っているよ」と言う。

とても良い番頭さんで、茶わんの結わき方、並べ方などをていねいに良く教えてくれた。そんな時間はとても楽しい。早く三男さんと一緒にやってみたいと思っていた。半年ほど過ぎ、お正月には三男さんと二人で宮城前広場へ行った。芝生に座って、将来の夢などを語り合った。

「あと一年ぐらいで自分のお店が持てる。道子さんは信楽へ帰ってくれないか。僕がご両親にあいさつに行く。迎えに行くまで、待っていてほしい。それに、そろそろ少しゆっくりした方がいい」

と三男さんは言ってくれた。それを信じて私は田舎へ帰った。両親は温かく迎えてくれた。

父は、「今まで良く頑張って来たのだから、道子のやりたいことをした方がいい」と言って、近くにいる従姉妹と同じ信楽の洋裁学校に行かせてくれることになった。父がミシンも買ってくれた。私はなんだかお金持ちのお嬢さんになったような気分だった。でも母は、いまも仕事に行っていた。

こんなことをしていては申し訳ない。それに、小遣いもない。父が勤めているオーミ化学工場へアルバイトに行くことにした。月三〇〇〇円ぐらいしかもらえなかったが、遊んでいるよりはましだった。

私は、毎日ひたすら三男さんからの手紙を待っていた。母も「道子、今日は手紙来ているよ」と笑顔で渡してくれる。遠くはなれていても淋しくはなかった。

オーミ化学工場での仕事は釉薬を研究している中島さんという方の手伝いだ。中島さんは、京大卒で、何でも教えてくれるやさしい人だった。

決めた！　三男さんについていく

信楽の叔父の会社は、父の従兄弟たちが五人も役員をつとめていた。ある日社長に呼ばれ、中島さんとの結婚を勧められた。

「東京の専務さんとお話をしていますが、私には婚約者がいます」と言って断った。仕事場では中島さんが何もなかったような顔で接してくれた。映画に誘ってくれたり、大学の校歌を聞かせてくれたり、私の家にも遊びに来たりしていた。信楽の社長には、再度中島さんとの結婚を勧められた。

でも私は三男さんを信じ手紙を待った。東京支社の専務は、信楽の本社へ来るたびに「道子さん上京して来なさい。三男さんには、いい女が出来たようだよ。離れているのは良くない」と心配してくれ、「渡辺さんにも相談してみるよ」と言って東京へ帰った。

今度は、社長が家に来た。「道子を京都の中島さんの親に紹介したい。どうしても中島君と結婚させたい」と私の親に話をもって来たのだ。母はとても乗り気だった。私は、悩んだ末、三男さんに手紙を出した。私を迎えに来てくれないと中島さんと結婚することになることを知らせたのだ。二週間後、もう諦めて京都へ行くつもりになっていた。

その日、会社を休んで洗濯をしていると外で三男さんの声がした。連絡なしにやって来たのだ。さあ大変、昼休みに戻っていた母と、結婚して近くに住んでいる姉があわててもてなしてくれた。私は中島さんに連絡した。

その夜中島さんの下宿の部屋で、三人で会うことになった。中島さんは和服を着て、お茶を立てて待っていてくれていた。互いに紹介したあと、中島さんが、「高久さんの気持ちをお聞きしたい。三男さんは何ヵ月後に道子さんを迎えに来るのですか」と聞いた。中島さんは、「一番大切なのは道子さんの気持ちです」とくりかえし言った。

決めるのは私か？　しばらく沈黙の時が流れた。

私は、「三男さんは、私が最初に好きになった方です。三男さんのそばに行きます」と、二人の前ではっきり宣言した。中島さんは着物の膝を正して、「高久さんが来られるまでの何ヵ月間かは道子さんをお守りします。出来るだけ早く来てあげて下さい」と言い、男同士で握手をした。私は、中島さんに申し訳なく思ったが、京都の中島さん宅に行く前日に三男さんが来てくれたのが嬉しかった。

三男さんは翌日朝早く東京に帰る時に、私の親の前に頭を下げ、東長崎の本店の旦那さんの手紙と自己反省文一通とを渡して行った。三男さんは、問屋さんたちと酒を飲んで、料理屋の女の人に騙されたりといろいろあったようだ。渡辺商店の旦那さんから、「人間をダメにするような退職金は渡さない。道子さんと自分の店を持つのが夢だろう」と諭されて我に返ったと、手紙に書いてあった。その三ヵ月後、三男さんから待ちに待った「上京してほしい」との手紙が舞い込んだ。

東京へ行く三日前、中島さんは嵐山の散歩に誘ってくれた。その日、中島さんは、「東京に行くのだから」とグレーのスーツケースを買ってくれた。なんて優しい人だろう。出発の夕方には、京都駅のホームに見送りに来てくれていた。汽車に乗る直前、中島さんから渡された手紙には、帰って来たくなったら何時でも僕のところへ戻ってくればいいと書いてあった。感謝の気持ちでいっぱいになった。中島さんは最後の最後まで出来た人だった。

私は夜汽車の中で、ふっと昔銀座にいた頃を思い出していた。テアトル東京の前に、占いのおじさんが店を出していた。私に会う度に声をかけてくれるなど、よく可愛がってくれた。「みっちゃんの手相を見てあげよう」と手相をみてくれた。「みっちゃんの場合、結婚はこの人だと思ったら、とことんついて行くといいよ」と言われた。三男さんと知り合ってからその占いのおじさんの言葉を思い出していた。

東京〜名古屋、名古屋〜東京のこの列車の窓から見る景色は、私の心をゆっくりと落ち着かせてくれる。不安、辛さ、くやしさ、嬉しさ、走馬灯のように流れて行く。私は、夜汽車の東海道線が大好き。

私が上京したのは、四歳になったばかりの頃だった。いまは二二歳だ。「赤い鼻緒のつっかけ草履」が縁結びと信じ、三男さんについて行くことに決めたのだ。

せともの屋の女房に

南京虫まで同居の新生活

東京に着いた。三男さんとは、池袋で待ち合わせた。相談の結果、私は三鷹でせともの屋を出した三男さんの先輩の店に行くことになった。三男さんの先輩の店は狭くて小さな店だった。翌日から、生まれたばかりの赤ちゃんのお守りや食事の支度をした。私の居場所は、やっと布団が引けるような所だったが、ありがたくお世話になった。戦後は、みんながバラックの建物で商売をしていたのだ。贅沢は言えない。

やがて、三男さんは渡辺商店から退職金をもらい大泉に貸店舗を見つけてきた。内装をせともの屋に替えるまで二ヵ月もかかるという。その間、渡辺商店の旦那さんの知り合いのアパートに三男さんと二人で住むことになった。共同トイレ、四畳半一間だけ。お勝手もない。

でも二人で暮せるだけで嬉しかった。三男さんは三鷹の先輩が、お祝いにお布団を一組くれたと、夜遅くオートバイで運んできた。私は部屋を掃除して待っていた。やっと二人で暮らせると喜び合った。

その夜、お店が出来上がるまでの間、大泉の借店舗の前で、リヤカーの引き売りをすることなどを決めた。三男さんは毎日オートバイで大泉に通うのが日課となった。私は現金は一銭も持ってなかったし、私たちには生活費が必要だったのだ。

二人でそんな話しをしていると、もう夜明けになっていた。疲れたのでそろそろ寝ようかと布団に入った。二〇分もしないうちに三男さんがもぞもぞと動く。様子が変だった。そのうち体中がかゆいといい出した。電気をつけて見てみると、体中にぶつぶつが出ていた。何か悪い物を食べたかと心配しながら夜明けを待った。

翌朝、隣の方に挨拶に伺って聞いてみると

「このアパートは古いし、しばらく空き部屋になっていたので、南京虫がいるよ」と当然のことのように教えてくれた。早く言ってよという話だが、昔入船堂にいた頃、終戦直後のことで南京虫が出てみんなで大騒ぎをしたことがあった。南京虫の対処については私の方が免疫があった。

明りを消すと、ベニヤ板とか畳のすき間から出て来る。そして体にくいつく。三男さんはみみず腫れが体中に出来てしまい、水で体を冷やしたり大変な思いをした。二人の新生活のスタートは、南京虫まで同居。千客万来とはいえこれではたまらない。

私たちは、招かざる客南京虫退治に全力をあげた。煙の出るエンマクは、燻しはじめると、三時間は部屋に入れない。三男さんが、引き売りが終って大泉から帰って来ると、近くで食事をし、二人で歩いて池袋の映画館に行って時間をつぶした。これを五日間ぐらい続けた。効果はてきめん。やっと二人でゆっくり休む事が出来るようになった。

二人で映画も見に行ったこともなかった私たちにとって、このデートは南京虫のプレゼントだった。三男さんは、毎日大泉に出かけ露店で頑張ってくれている。お店が出来るのが楽しみだ。明日から私も頑張る、やってみせると心に誓った。

三男さんと私の共通点

今日は朝からどしゃぶりの雨だ。大泉に行っても、リヤカーの引き売りは出来ない。天候には逆らえない。露店が出来ないのでは仕方ないと三男さんは布団をかぶって寝ていた。日銭が入らないとお金がない。昨日貰ったお金で、近くの鶏肉屋さんで皮付きの細切れを買って来た。一本あったネギと煮ることにした。四畳半の部屋には家具もなく、お勝手もない。あるのは、土で作ってあるコンロと新聞に包んだ炭だけ。ここはアパートではない。間借り屋さんだと思った。

一階のおばさんに頼んで、軒先で一つの鍋でご飯を炊いた。炊き終わったあと、ご飯を丼にうつして鶏肉とネギを煮ていると、それをみていたおばさんが笑いながら「味なしかい」と聞いてくれた。「はい何もないんです」と言うと、黙って砂糖と醤油で味付けをしてくれた。情けが身にしみた。

部屋の真ん中にちょこんと置いた木のみかん箱は、近くの八百屋さんで頂いて来たものだった。まず周りを新聞紙で貼った。きれいな包装紙があったので上にはそれを貼る。なかなかいい感じになった。三男さんが大泉に行ったあとは、私一人でパンとお惣菜を買ってその木箱膳で食べていた。

ちゃんと食事の支度をしたのは今日が初めてだった。なんか新婚さんみたいで浮き浮きしてきた。

お膳立てをして、三男さんを起こした。「おおいい匂いだなー」三男さんも少しごきげんになった。

借り店舗の大家さんの都合で、店の改装が遅れているそうだ。

「住居だけでも早くできないか、大工さんに言ってみるよ。これじゃあしようがないよな」と言ってくれた。食事後、三男さんは窓を開け雨の降るのを見ていた。建物の前には川が流れ、橋を渡って行く人もよく見える。傘が沢山並んで歩いていた。雨は、ますます激しくなっていた。

手持ち無沙汰だったので、三男さんに聞いてみた。

「ねえ、あなたは何年に上京して来たの」

「昭和二二年の一七歳の二月で、寒かったなー」

「あら、私も二二年の四月よ。同じだね。ねえ、それでどうしたの」と聞いた。三男さんは、いままであまり聞いたことがないことを話しはじめた。

「疎開で益子に来ていた友人が、東京へ帰って池袋のせともの屋さんで働いていた。その友人がある日、トラックに乗って益子にやってきた。番頭さんや社長の親戚の窯元へせとものを買い付けに来たのだ。久しぶりに友人と会って話をしているうちに、俺も東京へ働きに行きたいと思いはじめたんだ。

せともの屋さんも小僧さんを探していた。渡りに船とはこのことだ。『どうだ、このトラックに乗って行けよ』と言うことになり、俺は母ちゃんに話した。翌日の夜、小さな風呂敷包みをもって、荷物と一緒にトラックで上京して来たと言う訳だ。

二歳年上の友人は、いまでは二番頭をやっている。店の裏に空地があって、オレは藁にくるまってくる荷物を毎日毎日ほどいては、せとものを木箱に入れる仕事をしていた。

その頃は、外でご飯を（荷物をほどいた藁で）炊いていた。その役がオレになった。うまく炊けないと番頭さんに叱られてな。それで食事になると、まず旦那さんの家族が食べ、次は二人の番頭さんたちだ。俺はその間にもう一人の小僧さんとお店の掃除をやる。『おーい小僧、早くめしくっちまいな』と言われて、お膳につくと、おはちの中には、ご飯がもうほんの少ししかない。

ひどいよなー。そんなことが続いても何も言えない。そのうち女中さんが益子から来たんだ。お勝手にはガスも入って、もうオレは藁でご飯を炊かなくてもよくなったんだから嬉しかったなー。

女中さんが来てからは、おはちの中には小僧二人分のご飯もあったよ。でも、外でワラからの荷物出しは辛かったなー。手はガサガサになって、あかぎれが出来た。

そんなある日、番頭さんがトラックで益子へ行くことになり、俺も同行することになった。

番頭さんが、『折角益子に来たのだから、今晩は親の顔を見に泊って来い。明日の朝六時には戻ってこいよ』と言ってくれた。うれしかったよ。『母ちゃんかえったよ』と声をかけたら、母ちゃんがびっくりしてな。その晩は、母ちゃんがオレの好きなそばをぶってくれた。朝になり東京へ帰る時間が近づいて来た時に『母ちゃん、俺は東京へ帰りたくねえよ。仕事がきつくて』と、半べそをかいて言ってしまった。

そうしたら、母ちゃんにえらく叱られた。母ちゃんが、『おめえほど今まで母ちゃんを泣かせたものはいねえ。小学校の頃から、他人のうちの食べ物を盗んで母ちゃんがあやまりに行ったり、学校の先生にあやまったり、今までどれだけお前に泣かされたか分からねえ』

俺は言い返した。

『腹がへっても、あんちゃんばっかり食べさせていたからだべー』

『三男いいから、もう口ごたえしないで早く行け。いままで髙久んちの二男坊はどうしようもないと言われてきたんだ。東京さ行って一旗揚げて、髙久の息子は変わったなーと言われるようになるまで、帰ってくるんじゃねえ』

母ちゃんに諭されて、仕方なくトラックのある場所に戻り東京へ帰ってきたんだ」

三男さんは、外の雨を見ながら淡々としゃべり続けた。

小僧さんのストライキ・三男さんの転機

「まあ最後まで話を聞け。俺が上京して、はやくも二年が過ぎようとしていた頃だ。店の裏の倉庫のそばに、豊島民主商工会の事務所があった。毎日倉庫で荷物出しをしていた俺に、事務所のおじさんたちが声をかけてくれた。たまには、煎餅などをご馳走してくれる時もあった。こうして親しくなった事務所の人に、『二年たっても、一銭も給料をもらってない』ことを話してみた。事務所の人は、『みっちゃん、働いているのに給料をくれないなんて、それっておかしいよ。なんとも思わないかい』と言った。

俺は、『じゃあどうしたら、給料もらうことが出来るべえ』と聞いてみた。

『まず交渉するんだ。それでも駄目ならストライキを起すといいよ』

そういわれても、俺には何も分らない。『どうしたらストライキを起こす事ができるんですか』って必死に聞いたよ。

『これは例えばだけど、給料くれとか、ただ働きは違法だとか、みんなが思っていることを書いて店中に貼るんだよ』と教えてくれた。俺は、考えた。友人の二番頭にも話をした。いろいろあったが、ある日、本当にストライキを起すことにしたよ。小僧さんと二人で、夜中に店中の棚に書いたビラを貼った。翌朝はお店を開けないで、倉庫の小僧部屋で寝ていた。やがて、旦那と一番頭のどなる声でとび起きた。三人とも店に呼ばれ『どういうことだ』と言われた。みんな黙っていた。

旦那が、『どうせ高久が考えてやり出したんだろう。お前は、たったいまここから出て行け』とその場からたたき出された。友人の二番頭も、仲間の小僧も黙っていた。味方は誰もいなかった。ひどいやなー。俺だけ叱られてさ。結局俺だけが出て行くことになったんだ。俺は、追い出されても、田舎へ帰るお金もなければ行くところもない。

途方にくれるなかで、ふっと東長崎の出店のことを思い出した。東長崎には、お店の出店があって一番頭が店番をしていた。売れた品の補充は、俺が毎日のように自転車に荷物を積んで出店に持って行っていた。考えたがそこしかない。

夜になってその東長崎の出店の奥にある大家さんの戸をたたいた。奥さんが、『どうしたのみっちゃんこんな時間に』と出て来てくれた。

『はい、お店を追い出されて行く所がないんです』と話した。大家さんの奥さんは家の中へ入れてくれ、今までのいきさつを黙って聞いてくれた。しかも『みっちゃん、しばらくうちにいればいいよ』と言ってくれた。大家さんは渡辺さんといい、『主人は仕事の都合でいまは外へ行っているけれど、近いうちに帰って来るから、それまでいるといい。大丈夫みっちゃんの仕事のことも相談してあげる』と言うのだ。

俺は、とりあえず奥さんの仕事を手伝うことにした。仕事は古物商だった。早い話が〝くずやおはらい〟だ。奥さんと一緒にリヤカーを引っ張って歩いた。でもな、声をだすのがどうにも恥ずかしかった。そうこうしているうちに数日たち、渡辺さんのご主人が帰って来た。

渡辺さんは、俺の話をよく聞いてくれた。話を聞き終わった渡辺さんは、すぐ行動した。俺が追い出された池袋のせともの屋に出向いて話合ったのだ。

俺のことと、東長崎の出店を明け渡すよう話をしたそうだ。渡辺さんは、池袋のせともの店の旦那とは古くからの知り合いで、東長崎の出店も、渡辺さんが自宅の半分を貸していたのだ。渡辺さんには考えがあった。『みっちゃんを首にしたのなら、せともの屋の店は返してもらいたい。せともの屋は女房とみっちゃんにやらせるつもりだと話してきた』と言うんだ。

池袋のせともの屋の旦那は、『店を明け渡すかわりに、うちの瀬戸物はお茶碗一個たりとも渡辺さんには売らない』と、翌日出店の品物を一つ残らず引きあげてしまった。

俺は、渡辺さん夫妻に呼ばれ、『みっちゃんどうだ！　何もないところからせともの屋をやれるか？』と聞かれた。

『はいやります。仕入れ先も見つけてきますので、やらせてください』今度は、俺が頼んだ。それから俺は上野にある問屋さんに交渉に行った。食器を売ってもらって、一ヵ月後にはどうにか開店することが出来た。

俺は、一生懸命働いた。店はとても繁盛するようになり、渡辺さんも喜んでくれた。

渡辺さんは他に仕事を持っていたので、留守にすることが多い。渡辺さんがしばらく出かけるというある日、また渡辺さん夫妻に『みっちゃん話がある』と呼ばれた。

『この先のことだがね、みっちゃんも何時かは自分の店を持ちたいだろう。それで、うちはこの東長崎の店を提供しよう。女房には、忙しい時は手伝ってもらって、みっちゃんは技術を提供してこの店をやって下さい。女房は子どもがいるので、忙しいときだけ手伝ってもらうことにしよう。そして五年たった時に、うちとみっちゃんとで利益を半分けにして、そのお金で自分の店を出すといい。どうだろう』

渡辺さんの方から提案してくれたんだ。

ありがたい話だろう。

『ぼくやります、一生懸命頑張ります、よろしくお願いします』と俺は渡辺さん夫妻に頭を下げた。俺がいませともの屋をやっているのも、今日あるのも、渡辺さんに助けてもらったおかげだ。

それからの俺はさらに夢中になって働いた。店の前がお風呂屋さんだったから、風呂屋が終るまでお店を開けていた。そんな俺の噂が産地の問屋さんたちの耳にまで入るようになった。いつしか問屋さんの方から見本を持って『東長崎の渡辺商店さん買って下さいよ』と売り込みに来るようになったんだよ。

俺も渡辺さんを信じ尊敬するようになった。渡辺さんは、仕事が忙しい人だった。たまにしか帰ってこないが、帰って来ると『みっちゃんこの本、勉強しておきな』と本を貸してくれたり相談にも乗ってくれた。借りた本は、残念ながら難しすぎて仕事をしながらではとても読めなかった。でも時間のある時には、少しでもと勉強したさ。

俺は学者じゃない、政治家でもない。でも民主主義でなくては、働く者は生きて行けない。商売だって世の中が平和であってこそだ。二〇歳過ぎた田舎者の俺にも、そこんところはやっと分かるようになった。これも渡辺さん夫妻に出会ったおかげだよなー」

三男さんの長い一人語りが終わった。

こんなに詳しく聞いたのは、初めてだった。池袋と銀座と場所は違っていても、同じころ東京へ出てきたなんて不思議な気がした。

三男さんは益子焼の栃木県の益子、私は信楽焼の滋賀県の信楽で生まれた。どちらも焼き物が盛んな土地柄だ。窯も陶土も見慣れた原風景そのもの。風土と人間の関係があるとすれば、私たちは焼き物とは深い縁で結ばれていた。二人にとってこれほどの共通点があろうか。もしかすると、私たちがせともの屋になることは、約束されていたのかもしれないと思えてきた。私は思わず三男さんに言った。

「良かったね。あなたが頑張って来たから、やっと自分の店が持てるようになって、もうすぐ開店するまでになったのね。二人で頑張ろうね」三男さんもうなずき、二人で手をとりあったものだ。外はもう暗くなっていたが、雨はまだ降り続いていた。

翌日も雨。今日も引き売りはできない。日銭が入らないと、私たちは食事代にも事欠くことになった。働けないと三男さんはてきめんに不機嫌になる。私といると結構わがままになった。

「お前だって、どこかでお金を借りて来い」などとむちゃを言う。

三男さんがふて寝している間、「私ちょっと出かけて来ます」とスーツケース一つを持って、東長崎の奥さんの店に行った。お皿、お茶碗などスーツケースに入るだけの品物を借りて、何年かぶりに銀座の入船堂の奥さんに会いに行った。

「お店がまだ出来上がらないので」という話をして、「何かご入用の品があったら買って頂けませんか」とお願いした。ご無沙汰ばかりで急にお伺いしたのに、奥さんは気持ち良く「みっちゃん、みんな置いておゆき」と言って、持っていった全品を買って下さった。嬉しかった。さらに若奥さんが、「フォークとかスプーンやケーキ皿がほしいわ」と注文を下さった。帰りぎわには、たくさんのおせんべいを持たせてくれた。

奥さんが、「みっちゃん　せともの屋さんはね、真面目にやっていれば絶対に食いはぐれはないよ。だから頑張りなさいよ」と親身に励ましてくれた。銀座の店は、あまりいい辞め方ではなかったが、何時遊びに伺っても気持ちよく迎えて下さる。ありがたくて涙が出て来た。私が、商売を好きになった土台はここにある。本当に感謝だ。

早く帰って、三男さんをよろこばせてあげようと、土砂降りの雨の中を急ぎ足で帰った。三男さんには「どこへ行ってきたんだ」と叱られた。お金を見せて、銀座に行って来たことを話した。しばらくして、「すごいよなーお前は、俺の引き売りの一日の売り上げよりずっと多いよ」と笑顔で言ってくれた。

二日続けて土砂降りの雨。そのおかげで、三男さんの話がゆっくり聞けた。私たちの恩人である渡辺さん夫妻の話も聞いた。銀座へも久しぶりに行って来た。たった二日間で私は色々なことを感じ、勉強させてもらった。

テアトル東京の前。ゆらゆらゆれているろうそくが入った四角い提灯を置いた手相占いのおじさんのあの言葉。「みっちゃんの結婚相手は、自分でこの人だと思ったら、とことんついて行くといいよ」。

あたるも八卦当たらぬも八卦だが、あの占いのおじさんの言葉通り、私は三男さんに、とことんついて行くつもりなのだ。

久しぶりの銀座で思ったことは、やっぱり銀座は、私の第二の故郷だということだ。一丁目から八丁目まで、隣は何屋さんだってことも、みんな覚えているもの。一丁目は私がいつも回覧板を持って裏口から出入りしていたので、特に懐かしかった。

お茶屋、うなぎや、美術店、銀座アスター、松屋デパート、陶邦堂、和服屋……本当に懐かしい。

義兄の結婚式

私たちがお店を出す準備中に、益子の義兄の結婚式の日取りが決まった。ついては「三男たちを親戚に披露したいので、式には二人で出席して欲しい」と、三男さんの親から手紙が来た。私は慌てた。お金もないし、着物も無い。急いで従姉妹から着物を借り、お式に出ることになった。

益子の三男さんの実家では夜遅くまで宴会が続いた。みなさんが帰った後、兄嫁になった愛子さんと二人で片付けをした。愛子さんが、優しく声をかけてくれた。ふと気がつくと、二人の婿殿の姿が見えない。愛子さんと色々話をしながら、部屋で互いの主人の帰りを待った。

ところが、二人が戻って来たのはなんと翌日のお昼だった。一晩中、花嫁さんを放っておくなんて。私の田舎では考えられない。益子の人は何てひどいのだろうと思った。翌日、お兄さんと愛子さんは新婚旅行に出かけた。いいなーと少しうらやましかった。

私たちも、その夜池袋のアパートに戻って来た。翌日からは、私も大泉に行き、開店の準備を手伝った。その頃は、食器もお茶碗も沢山の藁で荷造りされて送られて来た。それを解いて一つ一つ拭き、取りあえずミカン箱に入れておく。借店舗は、まだ出来上らない。三男さんは、道路で、リヤカーに積んだ品物を売っていた。買って下さるお客様には「店が出来たら、よろしくお願いします」と声を掛け、売り込みにも余念がなかった。

店舗の裏に広場があって、周りの人達が共同で使う井戸があった。大家さんの都合で、お店の出来上がりがのびのびになり、荷物が雨ざらしになっていたので、藁が品物にべたべたくっついてとれない。寒風のなか、毎日井戸水で洗うのは、とても辛かった。大泉は、まだ水道もなかったのだ。あの井戸端の光景はいまも浮かんで来る。

私たちの披露宴

そんなある日、東長崎の本店の旦那さんからお話があった。

「いまのうちに二人の披露宴をやった方がいい。問屋さんにも祝ってもらいましょう」と言うのだ。急遽、披露宴の日程が決まり、信楽の両親も来てくれることになった。

私の両親が、信楽から布団を背負って、池袋のアパートに来てくれたのは披露宴前日のことだった。狭い部屋の入口にペタンと座って私たちの帰りを待っていた。その両親の姿を見た時、嬉しさと有難さで胸が熱くなった。

四畳半の部屋で、母が縫ってくれた布団で母と一緒に寝た。三男さんは、父と一緒に寝た。私は、子どもの頃からあまり母と寝た覚えがないので、本当に嬉しかった。親たちも朝早くから、慣れない汽車に乗っての長旅に疲れたのだろう。あまりお喋りもせず、早々に寝てしまった。

披露宴は、翌日、池袋のお寿司屋さんの二階でとりおこなわれた。三男さんは、本店勤務の間、卸屋さんにとても信頼されていた。おかげで、沢山の社長さんが来てくれた。益子からは義兄と義姉も出席してくれた。

本店の社長の渡辺さんご夫妻は、仲人として私たちの紹介をしてくださった。挨拶のしめくくりは、「大泉で、七月には開店するのでよろしく」だった。

私たちは、結婚式はしていないが、お蔭さまで二度も披露宴を開いて祝っていただき、お祝いもたくさんいただいた。ありがたいことだった。

三男さんは、社長さんたちを送るために出かけて行った。私は、両親と三人でアパートに戻った。三男さんが、親子三人にしてくれたのかも知れない。開店準備に追われ慌ただしかった日々が嘘のように、久しぶりにゆったりした時間が流れていた。

無口な父が相好をくずし、問わず語りを始めた。

「道子よ、わしはほんまに嬉しい。お前が東京で商売するのはほんまにうれしい。

道子も知っている通り、信楽では、わしの祖父が『ナベヨ』を経営していた。社員も二〇〇人ぐらい働いていた。工場は、毎日忙しく活気に溢れていた。そんな頃、わしは中学生になったばかり。ナベヨはのうー、日本のあちこちの製糸会社に、製品を納めていてなあー。蚕を育てるための鍋を作っていたんや。

そのうち、東京に出張所が出来てな。わしらは、祖父の命令で、『ナベヨ』の長男として一家で東京の品川に移り住むようになったんだ。

製品はなあ、畳一枚ぐらいの大きさで、深さは一尺ぐらいあった。それを鍋と呼んでいた。信楽の土でないと、そんなに大きいものは出来ない。

それらを大きな大きな丸窯で焼いた。鍋の中は、何ケ所にも区切られ迷路のようになっていてな。その中で、蚕を飼育していたんだ。お湯が流れていて、何人もの人の手で生糸が出来る。何人もの手が掛かってあちこちの製糸工場へ送り出していた。だから、『ナベヨ』と呼ばれていたんだよ」

私の祖父は、東京を拠点として進出。活動の場をどんどん広げた。父は、慶応大学の夜学に入り父親の仕事を手伝った。京橋にある片倉製糸本社へも時々連れて行かれたそうだ。大学卒業後は自分の道に進みたいと、京橋の大きな保険会社に入社。お昼休みには、女性社員もふくめ、みんなで皇居前の広場でバレーボールをしたりもした。好きな女性だっていたそうだ。

「楽器が好きでな、バイオリンや琵琶、ハーモニカに夢中になったよ」

遠い目をして語る父。父も良き青春時代過ごしていたのだ。私たちを育てる頃は、戦争中だったので、昔話どころではなかったのだろう。父の若い頃の話は初めて聞いた。

ところが、楽しい東京生活もこの辺りまで。そんな一家が急変した。父の父親（私の祖父）が、急死したのだ。出張先で商談中だったという。父は本社の信楽の社長、曾祖父の命令で信楽へ帰ることになった。

信楽に戻ると、祖父の会社「ナベヨ」に勤めることになった。父親の弟（伯父）に指導を受けながら、一家を養うために、懸命に働いた。そう言えば子どもの頃、父の仕事場へ良く遊びに行っていたので、その鍋を見たことがあった。

綺麗な紺色の大きな大きな長四角の鍋が、専用のリヤカーで運ばれていた。

やがて、製糸会社も機械化され、だんだん注文がなくなった。だが、小さい製糸工場からはまだ注文があった。父は、窯の責任者だったので、大変だった。

「あの頃は、父親が亡くなって、自分がしっかりせんと、あかんなーと思ってな。祖父の会社ナベヨを盛り立てるよう伯父たちと力を合せて頑張ったんだよ」

穏やかな顔で、いつになく沢山の話をしてくれた父だった。

私は子どもの頃、コナミおばあちゃんの仕事場へよく遊びに行った。その時、おばあちゃんから、「東京でなー。よう人力車に乗って買い物にいったんやで。歌舞伎もよう観に行ったがな」という話を聞いた事がある。

母からも、色々聞かされてはいた。でも、東京がどんな場所なのかも分からず、ただいい加減に返事をしていただけだったのだ。昔の話をこんなに詳しく父の口からきいたのは初めてだった。

「戦争が終わって、また世の中が変わって来た。そんな時、道子が東京で商人になる。それが嬉しくてな」

父の喜びようがよく分った。

「今夜は、貴重な話を聞かせて貰って、ありがとう」

両親に心からの礼を言った。素晴らしいお祝いになった。これからは、親に心配をかけないように三男さんと力を合わせて、お店をやらなくてはと心に期したものだ。

翌日のお昼は、両親と四人で、アパートの直ぐ近くの要寿司に行った。父は歯が一本もない。大きな口をもぐもぐさせ、「東京の寿司はおいしいのー」と食べながら、三男さんの手をしっかりつかみ、

「三男はんよ、わしはなんぼ嬉しいかわからへん。道子が東京で商人の嫁はんになるやなんてなあ。ほんまによろしゅう頼みます」となんどもなんども頭を下げた。

「三男はんよ、信楽から来た要（父の名前）がのおー。東京の要町の要寿司で、娘の祝い寿司を食べるやなんてめったにない事やのおー、わしはほんまに嬉しいのおー。今朝もき

ん子（母の名）とそう話していたんや」と何回も言う。余程嬉しかったのだろう。本当に子ども思いの優しい父だった。

信楽に帰る私の両親を、三男さんが東京駅まで送って行った。ところが、どこかでお酒を飲んでご機嫌になって夜遅く帰って来た。そして、「切符が思うように買えなかったので、座席のある二等車に乗せて帰って貰った。お前のお祝い金はみんな使ってしまったよ」と言うのだ。私は怒った。

「そんなの親が喜ぶと思う？　大切な私へのお祝い金六千円ものお金。あれは、お店が出来たら、整理ダンス買うつもりだったのに」

「商売を始めたら、何時でもタンスは買ってあげるよ。道子、親を二等車に乗せるなんて、めったにないよ」

三男さんは胸を張って言う。信楽の会社の人たちで祝ってくれた大事なお金だった。けれど、無駄に使った訳ではない。三男さんは、私の両親を大切に扱ってくれたのだから、まずそのことに感謝しなくてはと思い直した。

こうなったら早くお店が出来上ることを願うしかない。開店したら、頑張って、また両親に来てもらいたいという私の思いは切実だった。

せともの屋「まるみや」開店

瀬戸物屋開店の日がやってきた。店の名前は「まるみや」だ。

三鷹の先輩や友人たち、問屋さんの番頭さんなどが毎日交替で品物の陳列に来てくれた。一週間でお店いっぱいに品物が並んだ。お店の奥に、四畳半の部屋と押入れ、狭い板の間がお勝手になっていた。

開店前夜、三男さんは手伝ってくれた友人二人と疲れて押入れの中で寝てしまった。店の入口に貼る売出しの短冊を書くのが私の分担だった。私も、何日もあまり眠ってないので辛い。眠くてしかたがない。でもこれを仕上げておかないと、大変だ。黄色のポスター紙を短冊に切り、赤の字を筆で書く。一枚一枚、良く書けたなーと自画自賛しながら、部屋中に広げていった。

「おい！　何をやっているんだ」

起きてきた三男さんにどなられて目が覚めた。疲れてうとうとしていたのだろう。指さすところを見てみると、なんと畳の上に、〝開店大売出し・二割引〟と書いていたのだ。三男さんの怒鳴り声で友人も起きて来た。

「みっちゃん、道子さんだって眠いよ、少し休ませてあげなよ」私を庇ってくれた。ポスターカラーで書いた畳の文字はなかなか拭きとれず、お陰で目が覚めた。

いよいよ、念願の開店日だ。隣の電気屋さんと同じ開店日にしたのだ。その頃の大泉はお店屋と言えば、食べ物屋さんだけだった。

当日は、店にあふれるほどの沢山のお客さまでてんてこ舞い。頼んでおいたちんどん屋さんもやって来てさらに大賑わいだった。お客様は、夜一一時頃までできてくれた。三日間おかげさまでよく売れた。

開店した「まるみや」(1955 年 7 月)

この頃の通りにはまだ車も走ってはおらず、時々牛や馬がのんびり歩いていた。大泉では、お風呂屋さんも一二時頃までやっていた。私たちのお店の通りが一番の商店街だった。夕食を済ませ、交代でお風呂に行き、毎日朝八時には店を開け夜一二時頃閉める。大泉も、急速に店舗が増えて商店街らしくなって来た。

三男さんは、「これからは、大泉も発展して来ると思うよ。俺は、自分の店を必ず東京一にしたい」と夢がふくらむ。そして、店主になった喜びで売れた品物出しにも頑張っていた。

ここは、借店舗なので倉庫が無い。東長崎の本店に預かってもらっている品物を、時々夕方から取りに行かなければならない。その時は、原付き自転車で行く。そんな夜は、一人で店を閉めなければならないので大変だ。

裏の広場に井戸があった。近所の人たちで使う。洗濯は夜中、大きなバケツで水を運んで来ては炊事もする。プロパンガスがやっと入った時には嬉しかった。

気がつけば、近所の商店の人たちからは、「まるみ屋さんの奥さん」とよばれるようになっていた。「奥さん」と呼ばれてはじめて、私はせともの屋さんの奥さんになったのだと実感した。

夢中になって突っ走って仕事をして来たので、ずっとずっと女中さんの続きみたいな気持だったのだ。これからは本当にしっかりお店番をして、いずれは家賃を払わなくていい自分たちのお店を持ちたいと思うようになっていた。

お寺の縁日

商店街にお寺があった。毎月一五日には縁日がある。お寺の境内には、さまざまな露店が出てとても賑わう。夕方から、お店の前は縁日に行く人であふれていた。帰りに瀬戸物屋に寄って下さる方も多い。お茶碗、お箸、お椀、何かしら買って下さる。

「大泉にも良いお店が出来たね」と、お客様が言って下さると疲れが吹っ飛ぶ。何より嬉しい言葉だった。

自分で言うのもおかしいが、何人ものお客さんが、「ここの奥さんは愛想が良くて品物も揃っていていい店だね」「瀬戸物を買うならここでと決めている」と言って下さるようになった。

主人も、店が忙しくなったので妹に手伝いに来てもらおうと言ってくれた。住居は店の二階。大家さんのアパートの一部屋を借りることにしたのだ。私は少し楽になって嬉しいが、問屋さんの品物の買掛も沢山あるのに、また家賃の支払いが増えると思うと気が重い。

この頃は、問屋さんが大きな鞄に食器の見本を詰め小売店にやって来た。主人は、その見本を部屋いっぱいに並べて見入っていた。主人と問屋さんとは、本店に居る頃からの信頼関係があった。おかげで、先払いで品物を貸してくれるなど良く援助してくれた。

そのかわり、問屋さんが来ると、その夜は決まってお酒を呑む。いつも魚屋さんに刺身を買いに走る。

昔は、みんなそうした商売のやり方だった。月末になると、決まって何軒もの問屋さんが来る。問屋さんが来る度に、酒代やつまみ代が沢山かかる。台所をあずかるものとしてはこれではたまらない。

「ねえ、毎回お酒を出さなくてもいいんじゃない？」

怒っていってしまった私に、「お前は、商売のことを何も分っていないな。口を出すな」と言いながらも、主人は、「私たちのような担保も何も無い店には、銀行だってお金は貸してくれないよ。問屋さんに品物を借りて商売すると、利息もいらないし利益も出る。だから酒の一杯ぐらい、呑ませてもいいんだよ」と、諄々と話をしてくれた。

開店して初めての年の暮がやって来た。クリスマス、そして暮の二十九日頃から、お正月用の食器を買いに来て下さるお客様で混雑する。まあ本当に忙しい。私は、瀬戸物屋がこんなに売れるなんてとびっくりした。

いまと違って、昭和三〇年代には、みんな家でお節を作り、お正月をお祝いした。気張ってつくった縁起物の料理を重箱に入れ、綺麗に盛りつける。祝い膳にふさわしい塗り物の重箱・瀬戸物の重箱・綺麗な取り皿と色々揃えて買って下さる。

瀬戸物の重箱は、松竹梅の絵や鶴の絵などが綺麗に焼き付けてあった。三段重、四段重と二〇〇本ぐらい売れた。いまのように品物が箱に入っているわけではないので、お買い上げ品は一つ一つ新聞に包み、紐をかける。売れた日の夜は、今度は荷物出しで夜中の二時～三時頃まで働くことになる。

大晦日は、元日の夜明けまで店を開けた。大晦日の最後の仕事は、瀬戸物をくるんであった藁を、どんど焼きのように道端で燃やすことだった。近所の人や通りかかりの人もみんなが「やあ、あったかいなー」と次々集まってくる。

夜が明ければ、元旦だ。たくさん売れて本当に良かったといいながら、疲れて昼頃まで寝ていた。すると、どんどんと店の戸をたたく音がした。

「せともの屋さん、ちょっと徳利と盃を売って下さい」と叫んでいる。主人は、「知らん顔しておけばいい」と布団を頭からかぶって寝ている。私は、折角買いに来て下さったお客様だからと、寝間着のままでも起きて行く。戸を一枚だけ外して、中に入って貰った。お客様は、大変喜んで沢山買って行って下さった。

その後も、何人もの方が見えた。結局、夕方までお店を開けていた。今では考えられない話だ。

昭和三一年、新しい年の始まり。夕方には、東長崎の本店に二人でご挨拶に行った。私は、主人の正月用にと、着物と羽織のアンサンブルを注文、桐の下駄も買っておいた。私も姉に貰った着物を着て、二人で出かけた。こうして一緒に歩けるなんて、本当に夢のようで幸せだった。本店でお酒をご馳走になった。そのうち、酔った主人は、私の悪口を言いはじめた。

「こんな着物を着ちまって」と私の髪をくしゃくしゃにする。本店の奥さんが、「道子さんが可愛いいんだよ。みっちゃんは、照れ屋だからね。やっとお店が持ててさ、店主になって嬉しいんだよ。勘弁してやっとくれ」と言う。

酔っぱらいの主人は、「こんな金のかからない良く働く店員はいないね」といいながら、また私の髪をくしゃくしゃにする。本店のご夫妻は笑っている。やっとの思いで大泉まで帰って来た。

酔っぱらいは、本当に嫌だ。私の父は、お酒を飲まない優しい人なので、酔っぱらいは大嫌い。でも、本店の渡辺さんが言うように、主人は店主になれたこと、家庭を持てたことが、余程嬉しかったのだろう。それでいて、そうした喜びを言葉にも態度にも、素直には表わせないやっかいな人だった。

同業者組合をつくる

西武線沿線は、人口も増え、ますます発展しそうだった。本店の旦那さんの勧めもあり、「陶器店の組合を造ったらどうだろう」という話が進んでいった。西武沿線の同業者である陶器屋さんによびかけ、話し合いを重ねた。組合は、一二店舗の組合員でスタート。池袋の要町の神社の社務所を借り、月に一度問屋さんが集まり、見本市会場が開かれることになった。組合名「永和陶器協同組合」を設立させたのだ。みなさんに推されて、ほていや大泉店の高久三男が初代の組合長となった。

私たちの店も、その年から「ほていや陶器店」という名称になった。おかげさまで主人は、問屋さんにも組合員さんたちにもとても信頼されていた。

お店番は私に任せて、組合のことで良く出かけるようになった。話し合いで夜も遅くなる。そのうち必ず酔っぱらって帰るようになった。商売や組合の必要なつきあいもあり、多少の息抜きでもあったのだろうが私はそんな酒飲みの主人は嫌いだった。でも主人のえらいところは、どんなに遅くなっても、店の荷出しと陳列だけはしっかりやってくれることだった。それが何よりありがたかった。

中村橋駅事件てんまつ記

組合設立祝いに東長崎本店に二人で行った帰りのことだ。主人が酔っぱらって大虎になっていた。突然、電車の中で大きな声で唄いだした。その内、電車の柱に摑まってくるくると回っては床に座り込む。それを何回も繰り返す。車内の人たちは笑いながら見ている。これだから酔っぱらいは嫌だ。私は恥ずかしくてしかたがなかった。

西武池袋線・中村橋の駅に着いた時のことだ。電車が発車する寸前だった。なんと主人がまだ大泉まで何駅もあるのに、突然小走りになって電車から降りてしまったのだ。慌てて私も後を追った。

いまのようにホームはあまり明るくないし、人も少ない。ホームを、あちこち探してみたが主人の姿は見えない。ホーム中を見てもどこにもいない。その頃は、ホームの背に看板が並んでいた。主人は、その看板とホームの間の少し空いている所に真っ直ぐ横になっていた。つまり落ちていたのだ。

腕を引っ張ったり、ズボンのベルトを引っ張ったりしても、もち上がらない。私は余りにも非力だった。駅員さんに手伝って貰って、やっとホームの上に出すことが出来た。これはもうタクシーで連れて帰らないと駄目だ。私は必死でタクシーを探し、急いでホームに戻った。また主人の姿が見えない。

ホームにはあまり乗客もいないので、薄暗くても良く見える。でもどこにも主人はいない。ホームに待っていた乗客の一人が、「男の人が線路に降りて歩いて行きましたよ」と教えてくれた。

「ありがとうございます。えっ！　さあ大変」

私はすぐ駅長室に飛んで行った。

「主人が線路に降りたらしいのです」

大きな声を出したので、駅長さんや駅員さんがみんな出て来てくれた。大きなライトを持って、ホーム中を見てくれた。主人は、反対側のベンチにちょこんと腰かけていた。

「ああ良かった」

私は安堵の胸をなでおろした。駅長さんが、「今夜は特別です。タクシーを線路の中へ入れるから、すぐご主人をタクシーに乗せて、自宅へ連れて帰りなさい」

そうだそれしかない。駅員さんたちがみんなで主人を抱え、タクシーに乗せてくれた。ホッとしたのも束の間、こりない主人は、タクシーのドアを開けたり閉めたりしている。たまりかねた運転手さんが、「奥さん！　ご主人をしっかりつかまえていて下さいよ。危ないですから」と怒った。

翌日、主人はお昼頃になってやっと目覚めた。酔いが醒めても昨夜のことを全く覚えてはいない。私が中村橋の出来事を話すと、びっくりして聞いている。私は、昨夜の駅長さんにお礼に行かせるつもりで、美味しいお煎餅を買って支度をしておいた。素直にあやまりに行くような人ではないので話をもちかけるのも難しい。食事後、すっかり酔いが醒めてから、ゆっくり話しかける。

「良い駅長さんだったから、駅員さん全員でライトをつけて探してくれたけれど、そうでなかったら、もしかしてあなたは家に帰れず、大虎扱いで警察署行きになっていたかもよ。だから中村橋の駅長室には、お礼に行った方が良いと思うよ」

と話した。主人は真剣に聞いているように見えた。気の変わらぬうちにと、追い立てるように、お煎餅の袋を持たせて、背中を軽くたたいて玄関から押し出した。主人の後姿を見送りながら、お酒は怖いとあらためて思った。

夕方、背中を丸めて主人が帰って来た。駅長さんに、「あまり奥さんを困らせない方がいいよと言われたよ」としょんぼりしていた。

ぼろぼろになったシャツ

主人の友人が、赤坂で紳士服店をやっていた。一ヵ月前のこと、その友人がグレーの地にチェックの柄が入っている生地を主人のシャツにと持って来た。渋いが素敵な生地だった。主人は人がいい。すぐオーダーした。

「私も欲しいなー」思わず言ってしまった。主人があっさり「いいよ。つくってもらったらいい」といってくれた。

私は、ジャンパースカートを主人とお揃いの生地で作って貰った。私が仕立て服を注文するなんて！　結婚して初めてのことだ。主人の優しさを知った思いがして嬉しかった。主人が駅の看板とホームの間に落ちたのは、出来上がったペアの服を、本店に初めて着て行った帰りの出来事だった。

そのときは、主人を助けようと夢中になって、力任せに腕をひっぱり背中を引っ張った。おかげで、無惨にもあちこちが破れてしまった。そんなこんなで直すことも出来ない程ビリビリになったシャツを主人に見せた。

私は悲しかった。主人は店主になった喜びを、お酒の力を借りてこんな形にしか表せないのか。

その日の夕食時も主人は、性懲りなく一升瓶をそばに置いて飲み出した。酔って来るとまたぐちぐち言いはじめた。

「中村橋駅へ俺を行かせて、いい恥さらしだ」と私にあたる。もう我慢が出来ない。私は、立ち上がるやいなや一升瓶をさっと抱えて流し台に持って行った。そして思い切りよく瓶を逆さにした。お酒は、ゴボゴボと音をたてて流れていった。なんだか涙が出た。

商売をやっていると、夫婦喧嘩の最中であろうとお客様が来た時点ですべて休戦となる。腹が立っていても悲しくても、「ごめん下さい」の声とともにお客様が来て下さる度に、私は救われる。

長女誕生

昭和三二年七月二日、朝六時頃陣痛が始まった。

雑司ヶ谷にある鬼子母神病院まで主人がつき添ってくれた。池袋で電車を降り、朝の静かな道を歩きながら、母になる幸せをかみしめていた。その日のお昼頃、可愛い女の子が誕生した。

私の母は、一〇人もの子どもを生んだ。母は、姉たちの子どもが生まれる度に飛んで行った。「産後は二一日間きちんと休んでんとあかんでなー」が口癖だったが、出産のベテランだけあって説得力があった。母は、私たち姉妹の守り神のような存在で、年を取ってからも労をいとわず、大阪・京都・東京を、娘や孫のために往復した。骨身を惜しまず良く世話をしてくれる人だった。

長女出産の私たちのために、母は大きな荷物を持って上京してくれた。母が来てくれたのは、私たちの結婚披露宴に出席するために布団を背負って、要町のアパートへ来てくれて以来のことだった。母は百人力だった。食事の支度からオムツの洗濯、なんでもほんとうに良くやってくれた。

お寺の縁日の七月十五日の夜、主人は問屋さんとお酒を飲みに出かけた。帰って来たのは、翌日のお昼過ぎだった。母が初めて主人を呼んで言ったものだ。

「三男はん、道子に店番させてはあかんやないのー。お産は大変なことなんやで。三男はんは淳子（長女）のお父はんやで。産後の間くらい道子を大事にしてやっておくれやす」

母は真剣だった。

主人の交通事故

忘れもしない昭和三三年一月一〇日のことだ。主人は、夕方になってからバイクで、東長崎の本店へ荷物を取りに出かけた。その後、知り合いの人と会い、お酒や泡盛を飲んだ。それから荷物を積み、帰店途上の谷原の十字路で後ろから来た車にぶつけられた。

夜中の二時頃、店の戸を激しく叩く音がした。あけてみると、タクシーの運転手さんが立っていた。

「お宅のご主人が畑の中に倒れている。バイクも荷物もメチャメチャになっている」と知らせに来てくれたのだ。主人の事故に気づいた運転手さんが声をかけると、「せともの屋だ」と言ったという。運転手さんは、それを頼りに探して来てくれたという。

私は、そのタクシーで現場へ行った。周囲は畑ばかりで何もない。

「私は仕事に戻りますが、奥さんは、あちらに消防署があるから救急車を頼んでくるといいよ」と言ってくれた。遠くに消防署の明かりが見えた。いまのように携帯電話はないので、主人に待っているよう話をした。私は夢中で走り、消防署の人と現場へ戻った。

ところが、いくら探しても主人の姿は見えない、バイクもない。荷物だけが畑の中に散乱していた。

私はタクシーを止めて、自宅に戻って来た。裏の鍵がしっかり掛かっていて、私は入れない。店の戸を一枚外して、家へ入った。主人は布団の中で呻き声を上げて震えていた。顔はお岩さんのように腫れ上がっている。どうしよう。

そんな時、近くの交番のお巡りさんが、消防署からの連絡を受けて来てくれた。その協力を得て、主人は近くの病院に入院した。検査の結果、肋骨が三本折れていることが分かった。腰や顔、体中に打撲傷があって、一〇日ぐらいは、ガスもお通じも出ない。お腹がパンパンになり苦しんでいた。病院では、何にも治療をしてくれない。私は夜中まで何回も、主人の様子を院長先生に強く訴えた。

翌日大学病院から先生が見え、お尻から手を入れ、馬乗りになって見てくれた。やっとガスが出て、腸が動き出した。胸は石膏で固めてくれ、おかげで病人は少し落ち着いて来た。夜は義妹と一緒に店を閉め、淳子を寝かせてから夜中に主人の病室に行く。

やがて、益子から主人の母が来てくれて、昼間は主人の付き添いをしてくれるようになった。店を閉めてから、義母と交替をする。一ヵ月過ぎた頃、主人のギブスも取れた。やっと楽になったので義母には帰って貰った。

私は、昼間度々病院に行き、夜中に店の品物出しをした。お勤め人と違って、商売をやりながら病人の世話が出来て、これで日銭が入って来るのだから有難かった。三ヵ月後、主人が退院。四畳半一間の部屋でも、親子三人で過ごせることに、これ程幸せを感じたことはない。

幸せはつかの間か？

退院から三日後のこと、主人は陶器組合の見本市の準備で要町へ出かけて行った。退院祝いにお酒を飲んだという。夜中に家へ帰って来るなり、お腹が痛いと騒ぎ出した。何をやってもどうしても治まらない。また淳子を一人残し、私の肩につかまりながら、退院したばかりの病院に行く。

主人は、腹の痛みに苦しんでいた。やっと先生に見て貰う。診断結果は盲腸。すぐ手術となった。一〇日ほどで退院と言われていたのに、高熱が続いて相変わらず苦しんでいた。院長先生に度々原因を聞くが、ここでも何の治療もない。前回と同じように院長先生宅まで伺い、どうなっているのかと問い詰めた。

翌日、また大学病院から先生が見え、検査をしたら腹膜炎を起こしていたという。もうこの病院では、黙っていたら死なせてしまうと思った。日頃は、院長先生一人しかいない。週に一、二回大学病院から他の先生が見える。近くに他の病院もなく、待つほか仕方がなかった。

主人も辛い思いをしているので、私も頑張らなくてはと、夜中に品出しもした。毎日病院とお店を通い続けた。一ヵ月後やっと退院して来たが、主人はすぐに仕事は出来ない。淳子のお守をしながら、しばらくは床の中だ。

主人が良くなって、ほっとしたのもつかの間、今度は突然私のお乳が全く出なくなった。淳子が吸い付いてもお乳が出て来ない。いままでは、乳首に吸い付くと胸が痛くなるほど、ピューと沢山のお乳が出ていた。満たされない赤ちゃん(淳子)は大きな声で泣き出す。そばで主人が泣かせるなと言う。薬局に行って、ミルクを買って来た。手早く哺乳瓶に入れ飲ませてみた。ところが、口に入れても舌で押し出してしまい飲まない。

また薬局の奥さんに聞きに行った。

「哺乳瓶の口と母親の乳首とは感触が違うので飲まないのよ。哺乳瓶は乳首がゴムだからね、でもそのうち、赤ちゃんだってお腹が空いて飲むよ、諦めないで」と元気づけてくれた。

泣いて口に入れてくれない淳子に私も泣きながら、諦めずに何回も温め直しては飲ませてみた。するとどうだろう。ごくごく飲み始めた。よかったぁー。沢山飲んで眠ってくれた。

友人から貰った小さなベビーベッドの中で、スヤスヤ眠っている。お乳が出なくて、本当に可愛そうなことをした。淳子も泣き疲れたのだろうか。

店を閉めた後、一一時頃になって久しぶりに一人でお風呂屋さんに行った。体重計に乗って驚いた。少し痩せたかなーとは思っていたが、三八キロになっていた。この半年色々なことに追われ、身体も悲鳴をあげていたのか五キロも減少していた。だから、母乳も出なくなっていたのだ。

淳子は、あれ以来、ミルクを毎日良く飲み、すくすく育っていた。とても大人しい赤ちゃんで良く笑うようになった。疲れていても、その可愛い笑顔に癒された。いまは主人と並んで寝ている。

昼間は主人の妹と二人でお店番をしているが、入荷して来た品物は夜中に私が一人であれこれ陳列する。このお茶碗は素敵な柄だわ、このお皿も良いな、などと一点ずつ見ながら丁寧に陳列する。すると時間の過ぎるのが早く、夜明けになることもあった。静かな夜ふけにせとものカチャンカチャンという音を聞きながら、ささやかな幸せを感じていた。

今年も忙しい暮の売り出しがやって来た。狭い店に少しでも沢山の品物を並べたくて、店の入口の戸を外してあった。おかげで裏の入口まで風が吹き抜ける。

淳子は、四畳半の部屋で座蒲団に座って、大人しく一人遊びをしている。夜になって、お粥も食べないので熱を計ってみた。なんと三八度ある。家から二〇分ぐらいの小児科へと夜道を走った。肺炎になっていた。

直ちに入院となった淳子は、お正月まで病院で過ごすことになった。病室は一部屋しかなく、七歳の女の子が入院していて、お母さんが付き添っていた。私はお店があるので付き添ってあげられない。昼間は店に出て、夜一一時頃、淳子の側へ行って添い寝をした。

夜になると、なるべく早く病室に行ってあげたくて、「もう淳子の所に行くね」と主人に言った。主人は、「なんだ病院へ行くことばかり言って！　この仕事を終わらせたら、とっとと行けよ」とぶっきらぼうに言う。

二歳ちょっとの子どもが、たった一人で入院しているのだ。かわいそうだと思わないのかしら。仕事の大切さは分るけれど、もう少し家族に優しい気持ちがあっていいと思った。でも誰がなんといおうと私は母親だ。少しでも淳子のそばにいてやりたかった。

毎晩、暗い道を早走りで淳子の病室に行き、顔を見てはほっとしたものだ。入院中の子どもに添い寝をして過ごした年の暮だった。

借地権獲得のためのお金集め

昭和三五年七月のことだ。淳子は三歳なっていた。住まいもお店も狭く遊ぶ所がない。店のはす向かいに床屋さんがあった。その床屋さんには、淳子より一歳年上のけい子ちゃんがいた。私はと言えば相変わらず店が忙しく、淳子を見ている暇はなかった。気がつけば、お昼になっても淳子がいない。そのうちお腹が空いたら帰って来るだろうと思っていた。ところが、夕方になっても帰らず、どこを探しても淳子の姿が見えない。急に心配になった。

そんな時、床屋の奥さんが、「淳子ちゃんは、けい子と一緒にお昼を食べて、昼寝をしていました」と送って来てくれた。それから淳子は、毎日のように床屋さんに遊びに行くようになった。

そんなある日、淳子を迎えに行くと、床屋のご夫婦に呼び止められた。

「ね、ほていやさん、相談があるのよ」と言う。奥さんが体の弱い方で、店じまいを考えていたという。

ご夫婦がこもごも、

「けい子と三人で田舎に行きたいのだけれど、地主さんと話をしたところ、この土地は借地なので権利を買って貰わないと床屋のこの店を売ることができないらしいの、実はこの話をどこかで聞きつけたパチンコ屋さんが売ってくれと再三言って来てるのよね。でも長い間お世話になった近所の人にパチンコの音で迷惑をかけたくないしね。瀬戸物屋さんならこの広さはいいのじゃないかしら」と丁寧に事情を話してくれた。

すぐ店に戻って、主人に「こんな良い話はめったにないと思うわ、来年八月には二人目の子どもが生まれるし、こんな狭い家では子どもも可哀想だし、ねえ考えてみない?」

しつこいほど話した。主人も「どこにそんなお金があるんだ」と言いながらも、真剣に考え込んでいた。それにしても先立つ物が必要だった。床屋さんには、お金のことを話して「無理ですよ」と率直に打ち明けた。

床屋のご夫婦は、「せともの屋さんなら、家は月賦で良いですよ。地主の権利金だけを考えていただければ」と親切に言ってくれた。とても無理と諦めていた主人の心を巻き戻し、「ねえ、どこかにお金貸してくれる人いない?」と言ってみた。いまこのチャンスを逃したら、私たちはこの狭い長屋店から出られない気がした。

年が明けて、床屋さんと私たちとで度々話合いを重ねた。いよいよ地主さんとの金額の交渉にこぎつけるところまで来た。なにしろ大金だから、そう簡単にはいかない。

私たちには何の担保もないから、銀行は話も聞いてはくれない。私たちの親にもお金の相談はできない。主人は、何ヵ月も悩んでいた。

上京した頃から可愛がってくれた主人の母の弟（主人の叔父）が赤羽にいた。叔父夫妻には子どもがいない。主人は度々赤羽まで遊びに行っていた。お金のことを頼むのは、男としてのプライドがあったのだろう。でも、どうにもならなくなって、ある日思い切って話に出かけた。

叔父たちは、私たちを信じて貸して下さるという。本店の渡辺さんのご主人にも話して、貸して頂いた。問屋さんの支払いも約束手形にして貰い、お金の目途がつき始めた。

地主さんには、床屋さんと度々交渉に行った。

こうして、翌年明け三六年一月に、ついに借地権を得ることが出来た。主人も精神的にも物理的にも本当に疲れたと思う。私も広いお店に移れると思うと、辛い時期も忘れ毎日頑張った。七月の暑い頃大工さんが入り、せともの屋の陳列棚を仕上げ、急ピッチでお店らしくなって行った。

私は八月に二人目の赤ちゃんが生まれるので、大きなお腹を抱えて毎日大工さんにお茶を運んだ。私のお腹を赤ちゃんが蹴っ飛ばす。良く動いている。「もう少しでお店と住まいが出来上るから、それまでお腹の中で待っていてね」と声をかける。

引っ越しの準備に開店の準備が重なり、それは大変だった。住まいは、床屋さんの古い一部屋しかないので奥に三畳のプレハブを建てて貰った。ちょっと狭いが、子ども部屋が出来た。自分たちのお店と住居もいよいよ完成間近だった。

新店舗開店、二女誕生

三六年八月一日は開店日だった。店の広さはいままでの三倍はあり、品物も沢山陳列出来る。本店の奥さん、組合の人たちなど沢山の人たちが手伝いに来てくれ、おかげで三日間の新店舗の大売出しが無事に終わった。お客様もたくさん来て下さった。

八月七日の朝、陣痛が始まった。今回も、電車で主人が付き添って行ってくれた。二女(弘子)が誕生した。開店作業が終わってから出てくるなんて、我が子ながらさすが親思いの赤ちゃんだ。ちゃんと待っていてくれたのだ。とはいえ、お産そのものは、赤ちゃんがお腹の中で大きくなりすぎて、大変だった。丸々とした元気な赤ちゃんだ。

今回も信楽の母が産後の世話をしに上京してくれた。八畳の部屋で、私と弘子と母が川の字になって寝た。三時間おきに母乳を飲ませているのに、夜中よく泣くようになった。

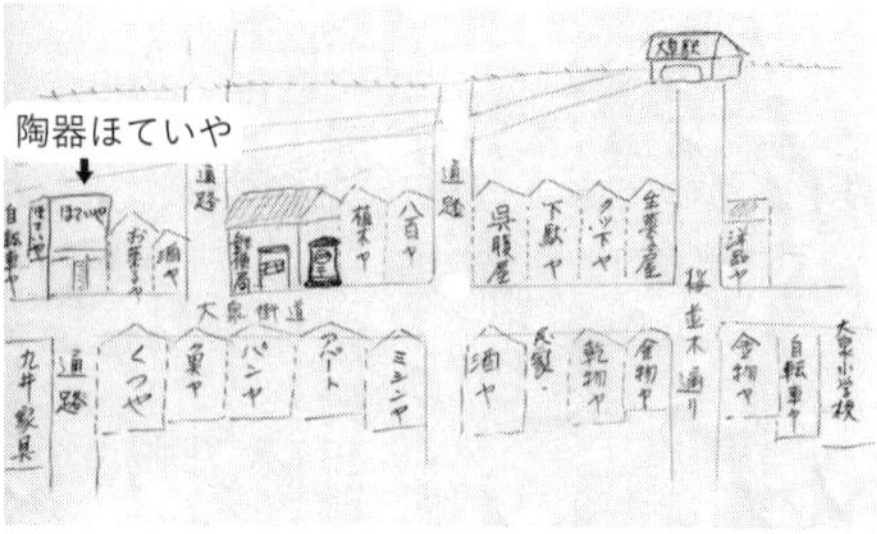

当時の大泉駅前の商店街

母は、弘子が疲れて泣きやむか親が負けるか根比べしようかと笑った。でも泣き止まない。

「道子、もしかして弘子は淳子より大きいから、ひょっとしたら、お乳が足らんと違うか」

母はそう言うなり、すぐに薬局に飛んで行き粉ミルクを買ってきてくれた。翌日弘子に飲ませてみた。するとどうでしょう。乳口が違っていても、ごくごくとたくさん飲むのでびっくりした。弘子は、それからすやすやと良く眠ってくれた。

母が、「やっぱり、乳が足らんかったんやな。かわいそうになー弘子、良かったな」

笑顔でオムツの洗濯をしながら語りかけていた。

子育てのベテランの母なればこその的確な対応に感謝だ。（お母ちゃんありがとう）心のなかでお礼を言った。

一ヵ月が過ぎて、母は「弘子、暮にはまた正月の手伝いに来るさかいな。よーけミルク飲んで大きくなりや」と帰って行った。主人は、決まって母を東京駅まで送って行ってくれる。

母の背中をみると、少し疲れているように見えた。でも、母親として祖母としての役目を終えて、信楽に帰る喜びも隠せないようにも思えた。

（お母ちゃん、ありがとう）身近で支えてくれた母が帰ってしまうのは寂しい。でも私も二児の母になったのだ。母の背に、私なりに頑張るからねと強く誓ったものだ。

益子の兄嫁の思わぬ死

益子の兄嫁の訃報が届いた。兄嫁は、赤ちゃんが生れた後に亡くなった。行商をしていた主人の兄は、途方に暮れ、仕事も手につかず毎日お酒を呑んでぶらぶらしていた。主人は、お母さんから頼みごとがあるとよばれて益子に出かけて行った。

「兄ちゃんは、父ちゃんとけんかばかりして仕事もしねえで、困っている。三男、何とか兄ちゃんを食っていけるように考えてやって欲しい」と相談されたそうだ。

その頃、お店が忙しくなって来ていたので人手が必要になっていた。主人は、この際兄に店にきてもらおうと考えていた。

ところが、すでに益子の知り合いから頼まれた中学生の男の子に店で働いて貰うことになっていた。運のよいことに主人の友人の陶器店でも男の子を欲しがっていた。そこで、その子は主人の友人の店で働いてもらうことにした。

主人は兄の面子を潰さぬよう、

「店を大きくしたので、兄貴、大泉に手伝いに来てくれないか」と丁寧にお願いした。

こうして兄には、大泉に来てもらうことになった。主人の妹と兄に一緒に住んで貰うためにアパートをもう一部屋借りることにした。

その後、兄は親のすすめで、亡くなった兄嫁の妹と再婚した。長男も生まれ、生活もあるので、大泉の店で二十日間働いて、あとの十日間は益子の自分の家に帰ってもらうことにした。義兄が益子に帰る日には、親の生活費も含めたお給料を渡す。

問屋さんの買掛け帳は私が記入していたので店の経営状態は手に取るように分かっていた。月末になると銀行の手形支払いが引き落とされる。借金返済もある。私たち家族のくらしは楽ではない。定休日も主人と店を開けて頑張っていた。

でも我慢にも限界がある。ある日、私はついにぐちを言った。

「もう少し私たち家族のこと、生活状態を考えて生活費も上げてほしい」と怒りながら主人に訴えた。黙って荷物出しをしていた主人がしばらくして、「俺はお前と別れても、益子の親兄弟は守るんだよ」と言った。耳を疑う言葉だった。売り言葉に買い言葉で本心ではないと分っていても悲しかった。

そんなことがあってからは主人ともぎくしゃくしていた。でも夜中まで仕事をして、どんなに遅くなっても私や子どもたちが寝ている片隅で机に向かってその日の売り上げの計算をして帳面につけている。五ツ玉の算盤の音だけがカチカチと響く。主人の背中を見ていると、やはり喧嘩をしてはいけないと思い直す。

そんな日々にあっても、問屋さんの売掛けや借金返済だけは毎月きちんと支払うことが出来た。気持ちがとても楽になった。

店の方はさらに忙しくなり、品物も売れるようになってきた。主人は、組合の会合などに度々でかけるようになり、夜はお酒を呑んで遅く帰る日が多くなった。

いつもは店を開けるのは主人の仕事だが、二日酔いで起きてこない。アパートから出勤してきた兄が開店の準備をしてくれるが、たびたび続くとその不満を私に何かとぶつけてくる。

兄の夕食にはお酒、おつまみと私なりに気をつかっているが、なかなかむずかしい。さすがに主人も気がついたのか、このままではだめだと考えるようになった。

困った時にはいつも本店の渡辺さんに相談に行く。ある休日の夜、主人が真面目な顔で「話があるから聞いてほしい」と言ってきた。

「実は、兄貴を益子に帰らせようと思う。もう手伝に来てもらってから三年は過ぎた。いつまでもこのままでは駄目だと思う。東長崎の本店の渡辺さんにも相談したんだが、益子に民芸店を出したらどうだというんだ」

本店の旦那さんは、「このままでは道子さんが可哀想だよ。何もお兄さんだけが親を見るって決めなくてもいいよ、お兄さんが益子で生活が出来るようにしてあげないと、みっちゃんが、お兄さんも両親も世話することになるよ。親とお兄さんのために益子に民芸店を出したらどうだ。初めは平屋の店でいいよ、住居の続きに建てるといい。これから民芸店はいいよ」とのアドバイスをしてくれたという。

主人はそれからやっと私にも考えを話してくれるようになった。そうは言っても、借金返済、手形の期日もあり大変だった。主人はあれこれの集会には、積極的に出かけるが、銀行だけは大泉に来てから私に任せきりで一度も行ったことがない。ある日主人と二人で支店長さんに相談に行った。

「ほていやさん」と呼ばれて、主人が「はい」と返事をしたら、「あなたじゃありません、そちらの奥さんです」と別室に通された。後から主人がついて来たので支店長に紹介した。

「それは失礼しました」支店長は慌てた。益子の民芸店の話をすると、借り入れが出来ることになった。返済金についても、相談に乗ってくれた。

お兄さんとも話し合って、いままで働いて貰った退職金としてお店を建てることになった。主人も度々益子に行き大工さんと打ち合わせをしながら、進めて行った。お兄さんも田舎へ帰り、準備にかかった。信楽から色々な品物がトラック一台、益子に届いた。

いよいよ益子にたかく民芸店を開店した。益子では、まだ店らしい店がなかったので、大変さわがれた。これで主人もお母さんを喜ばせることが出来た。後はお兄さんが頑張って店を広げてくれればと願うばかりだ。

主人は、「僕は本当に母親を泣かせて来たので、親孝行したんだよ。そのために、また借金が増えたなー、さてこれから頑張るか」と呟いた。

主人は時々東長崎の本店に呼ばれた。何事も渡辺さんの意見に従ってはいるが、渡辺さんは忙しい人だった。

主人は商人としての組織作りをやっていこうとしていた。主人の友人も渡辺さんの親戚の方も、せともの屋さんを開店した。その度に、主人が本店から呼び出され、毎日のように開店準備を手伝いに行った。

本店を入れて、五店舗になった時に、「有限会社ほていや」にした。品物も会社で一括仕入れをすることで、問屋から安く仕入れるようにした。店舗は独立採算制にして、店主がみんながやる気を出せるようにした。

丁度その頃は高度経済成長のまっただ中。お蔭で、各店ともに売り上げが伸びて行った。店主たちが本店に一ヵ月に一度集まり、ほていやの会議を開いて話し合っていた。組合員は、民主商工会に入会。昔のような丼ぶり勘定ではなく、帳面もきちんと作成するようになった。そして、いつしか利益計算が出来る店主になっていった。

集団就職の話

各店舗を営業するには従業員が必要だった。店主たちで主人の益子の母校に行き、校長先生に就職斡旋をお願いした。校長先生は、快く引き受けてくだった。そしてすぐに、男の子二人と女の子二人が来てくれることになった。別に、本店の知り合いの紹介で、岩手からも男の子が二人来ることになった。

みんな親元を離れ、希望を持って上京して来るのだから、私たち店主が責任を持って、商人として育てていこうと話し合った。また、休暇や労働時間といった働く人の就労規則や賃金体系などを確立する努力も始まった。雇い主としても学ぶことも多かった。

採用数＝大泉店二人、三鷹店一人、本店一人、烏山店二人。

勤続年数・昇給、給料・ボーナス、社会保険……など。

初めて人を使う店主もいたので、なおさらこうした制度や規則をはっきりと守ることを会社として決めたのだった。

益子の兄も民芸店として独立した。手伝ってくれていた主人の妹も、ほていやからお嫁入りをした。羽ばたきの季節がやってきたのだ。さらに大きくなるためのとりくみが求められていた。

主人も一ヵ月のうちにほていや、陶器組合の会議へと頻繁に出かけるようになり、小さいながらも社長として良く働いた。

私もお店を拡大してからは、住込みの店員さんたちの食事から、店番、わが家の子どもたちの世話と本当に忙しい毎日だった。中学校を卒業したばかりの店員さんたちのこと、まだ何も分からない。荷出しは主人が教えているが、接客とか言葉使いは私が教える。

人を育てるのは大変だけれど、やりがいもあり自分でも勉強することが沢山ある。他人様の家に来て、戸惑っている店員さんたちを見ると、主人や私の、かつての姿と重なる。だれもが可愛く成長が楽しみだが、なんとしてもこの子たちに商売の面白さをつかんでほしい。出来れば自立できるようにしてやりたい。そうなるまでの私たちの責任は重大だ。

長男誕生

昭和三七年の一二月二四日、クリスマスイブ。お店はお客様でてんてこ舞い。夜になって、淳子を連れ弘子をおぶってお風呂屋さんに行った。この頃はまだ内風呂がない家が多く、近所の人たちもみんな子ども連れでお風呂屋さんに行ったものだ。だからいつ行ってもとても混んでいた。でも、いまでは考えられないほど人情が生きていた。

他人の赤ちゃんでも、先に上った人たちが赤ちゃんの着物や洋服、オムツまで着せてくれた。だから母親はゆっくり自分の身体を洗う事が出来た。その時、私は妊娠六ヵ月。お風呂屋さんからの帰り、家に着いて弘子を背中から降ろした直後に意識がなくなった。後で聞くと、そのまま部屋で倒れてしまったという。

その年も、暮の手伝いに信楽の母が来てくれていた。母に大きな声で呼ばれて気がついた。母は主人に「お腹の大きい間は、道子に無理させたらあかんでなー」と言った。

翌日大学病院に行って検査を受けたその結果、私の心臓が悪いことが判明して、先生からは大事をとって大学病院で出産するよう勧められた。仕事の鬼である主人は、私には厳しいところがあったが、私が病気と分かると、少しは配慮してくれるようになった。

弘子はまだ一歳と四ヵ月。「あっちゃん（私のこと）」とお店の人口までちょこちょこ歩いて来る。私がお客様の応対をやっていると、ぶすっとした顔で、諦めて戻って行く。とても大人しい子どもだ。

信楽の母がみんなの食事の支度をしていると、弘子が黙って母のエプロンを引っ張る。母が「ないやァ弘子」と言っても黙ってエプロンを引っ張る。母がまた「ないやァ弘子」と言っても黙っている。暫くすると、おんぶ紐をずるずると引きずりながら、また母のエプロンを引っ張る。母が「そうか、弘子はおばあちゃんに、パッパ（おんぶの事）して欲しいのかあー。そうかそうか」とおんぶをすると、背中で寝てしまう。

「弘子は何かして欲しい時は、必ずエプロンを引っ張る子やったなー」

母と笑い話だ。母は、お正月には何時ものように主人に東京駅まで送って貰って帰って行った。

「お母ちゃん、ありがとうね」

私は、母に毎年助けて貰っている。

四月になって、両親のすすめで信楽の中学校を卒業した私の妹（末っ子）の千代ちゃんが働きに来てくれた。千代ちゃんは、すぐ手順をのみこんで、お店の人たちの食事から、お店番まで良くやってくれた。おかげで、私は体を大事にする事が出来た。

五月二五日の朝方、陣痛が始まった。弘子が眠っている間に、そーっと病院に行った。嬉しいことに、今年は主人が軽自動車を買った。お産も初めて車での病院行きだ、お陰さまで定期検診も順調で、何時もの病院へ行くことになった。

（えっ、もしかしてこの子お父さんと同じ誕生日だわ）

病院へ着くなり、生まれそうになっていた。

看護婦さんに、「もう生まれます」と言ったら、「高久さんは三人目だから分るでしょう。まだまだですよ」と言って見てくれない。「私は三人目だから、分るんです」と大きな声で言った。「弘子がまだ小さいので、家で出来るだけ我慢していたので分るんです」と言い返した。

看護婦さんが見て、「あら頭が出て来たわ」と大慌て。そんなことで、今回は病院に到着して直ぐに生まれた。

「男の子ですよ、男の子」

婦長さんが「良く頑張ったね」と褒めてくれた。

売れる品物は何でも売った頃

お店の人たちも、みんなよく働いてくれた。長男の利一のお守は、妹の千代ちゃんが良く面倒を見てくれた。子どもが三人になり、住居は増築して二階になった。店の品物も多くなり、倉庫が必要になった。

長女（淳子）の同級生のお母さんが仲良くしていた方から売り家を購入。倉庫と男の店員さん二人の寮にした。そのため、また銀行に大きな借金が出来た。でも返済するのは、それほど大変ではなくなっていた。売れるものは何でも仕入れた。

その頃家庭では、金魚を飼うのが流行っていた。主人は朝早く金魚市場へ仕入れに行き、お客様宅の水槽のセットまでやった。色々な金魚を買って頂いた上に、とても喜んで貰えた。瀬戸物業界では、食器の頒布会が始まっていた。ほていや大泉店でも、頒布会を始めた。チラシを新聞店へ二、〇〇〇枚持って行くと、すぐに沢山の申し込みがあった。遠い所は清瀬まであり、主人と店員の二郎君の二台の車で、二日から三日間かけて、毎日配達に行った。みんなが役割分担を果たして良く頑張った。

暮になると益子の兄、信楽の母と私の弟にも住込みでアルバイトに来て貰った。一二月の二〇日過ぎ頃からは本当に賑わった。町にも活気があった。毎夜一二時頃まで荷出しの残業をやった。私と妹は、子どもを寝かしてから夜食を作るなどてんてこ舞いだった。

兄の益子弁、弟の信楽弁、入り混じって、みんなで笑っている。兄が「信楽では怒った時に何て言うんだっぺ」と弟と話している。弟は「どつきまっせ（ひっぱたく）」と言っている。義兄が「そんなのんびり言ってると逃げられっぺー」というので、母も一緒に大笑い。大晦日の大仕事が終わり今年も過ぎて行った。

店を閉めたのは元日の一時過ぎだった。そのあとみんなが食堂に集まり、お疲れさまと新年会だ。ご馳走が並び、お酒を頂く。夜明けになる頃、お店の人たちはボーナスと給料を貰って、笑顔で倉庫の住まいに帰って行く。

「ご苦労様でしたね、今年も無事に暮の売り出しが出来ました」

主人ともどもみんなにお礼を言う。益子の兄も帰って行く。信楽の母は弟と、休みをもらった妹の千代ちゃんと三人で帰って行った。お正月は二日間お休みにした。開店して初めてのことだった。それだけでも嬉しかった。

淳子はもう一年生なので、良く妹弟を見てくれる。ここまで、自分でも本当に良くやって来たとつくづく思う。店の営業と家族のくらしを守るということは半端じゃない。

いまは、何て幸せなのだろう。店の人たちや家族合わせて八人になっているのだから、これまで以上に頑張らなくては。

元日の夜は、家族五人だけで静かに過ぎた。子どもたちは「一日中お母ちゃんといられる」と大はしゃぎ。考えて見れば、子どもたちには淋しい思いもいっぱいさせた。生まれた時から商家に育ち、店に立つ両親を見てきたからか、どの子も我儘は言わない。親思いのよい子に育っていた。

主人の居酒屋通い

兄も益子に店を出す事が出来た。大泉の街も急速に発展していた。駅の近くの大泉街道には、最近飲食店も増えた。ほとんどのお店が、ほていや陶器店に買いに来てくれるようになり、配達も多くなった。お店の人たちもそれぞれに責任を持ってやってくれていた。

主人も大切な飲食店には、配達に行ったりしていた。その内主人は、閉店後同じ店に毎晩行くようになった。そこには好みのママもいたのかもしれない。

主人には、人様を取りまとめる重責もあり仕事も多忙を極めていた。いまなら、主人にもふっと息を抜く時間や空間が必要だったのだと笑って言える。でもあの頃の私は、追いつめられるほど忙しく、家を癒しの場にするどころか、主人だけを思いやるゆとりも時間もなかった。

主人の深夜の帰宅が続いていた。楽しんでくるならまだいい。飲み過ぎで、帰るなり吐いたり苦しんだりしていた。淳子はもう多少のことが分る歳になっていた。

「お母さんは、夜中にお父さんが帰って来ると、決まって洗面器に新聞紙を乗せたりしてすごく慌てていたね。私は眠れなくてさ、みんな知っていたよ」という。否応なしに子どもたちを巻き込んでいたのだ。毎晩居酒屋通いなんて、身体的にも精神的にもいいはずがない。こんなことを続けていたら、人間が駄目になる。

まだまだ銀行への返済はあるし、店の人たちにも、子どもたちにも私たちが果たすべき役割も責任もある。苦労して自分達の店を持ったのだから、発展させることはあっても、みすみす困難に向かわせることなどあってはならないのだ。主人には、経営者としての自覚を持ってほしかった。私は、思い切った行動に出た。

子どもたちは、すやすや眠っていた。私は突き動かされるように、寝ている子どもたちを起こして洋服を着せた。利一をおぶって、淳子に弘子の手をしっかりつながせて外に出た。雨が降っていた。傘をさして歩きはじめた。家から一〇分ぐらい歩いて、あそこの店かなー、ここの店かなーと二～三軒の店を覗いたら、三軒目に酔っぱらった主人がいた。

淳子が「お父ちゃん帰ろう」と手を引いたが、主人は一緒には帰って来なかった。男の面子もあったのだろう。私は、子どもたちにゴメンネと心の中で呟いた。眠っていたのに、夜中に引っ張りまわされ、雨の中を歩かされ、つらかったろう。本当に悪かった。私なりに思い悩んだ夜だった。

主人の病気

末っ子の利一が幼稚園の年長さん、二女の弘子は小学校二年生、長女の淳子が小学校六年。そんな二月の寒い日に、主人が腹痛で池袋の鬼子母神病院に入院した。検査の結果、腎臓の手術を受けることになり、埼玉中央病院に移された。

信楽から、また母に来てもらった。母と妹の千代ちゃんとで、子どもたちの世話から店の人の食事までやってくれた。お店は店員の男の子二人で良く守ってくれた。いまこうして思い出を書いていると、私も若かったと思う。それにしても、あの時みんなにもっと感謝の気持ちを伝えておけば良かったと思う。

大変な手術だった。先生には、ガンだと言われていた。病院の帰りに本店の渡辺さんに寄り、泣いた事も一度や二度ではない。店の人、子どもたちの前では泣かないが、夜中に良く泣いた。

辛い冬だった。弘子は、小学校入学の時の健康診断で、心臓に穴が開いていることが分かり、大きな病院での手術の順番待ちをしていた。悲しくなって本店に寄ると、奥さんが決まって言ってくれた。

「みっちゃんは、本当に悪運の強い人だよ。お酒に溺れて、フラフラしてさ。今頃また大病して。でもね、最後にはいつも居心地のいい道子さんの所へ帰ってくるんだから。大丈夫！　今度も帰って来るよ」

この励ましはありがたかった。お蔭で、無事に退院が出来た。しばらくは家で静養しながら、子どもたちとも遊んでくれるようになった。

昭和四七年六月、今度は二女の弘子が心房中隔欠損症の手術で国立小児病院に入院した。いつも子どもの病院通いをすると不機嫌になる主人だったが、自分が病気をしてからは態度が一変。病気を理解し、さまざまな配慮が出来るようになった。

その頃は、手術で輸血をしてもらうためには、自分たちで献血手帳を集めて持って行かなければならなかった。幸い問屋さんの社員さんたちが、みんなに声をかけ、二三人分一人四〇〇mℓを集めてくれた。どんなにありがたかったことか。担当医も四人もつき、おかげさまで無事に手術も終わった。

こうして書いていると、私も家族も、これまでどれだけ大勢の方々に支えられ助けられて来たのかをいまさらながら思う。後悔先に立たずだが、みなさまのご厚情に、ちゃんと礼を尽してきたかしらと自問している。

その時々には、目の前のことに気を取られ、追い立てられるような忙しさに紛れてしまうこともあったのではないだろうか。お世話になった方々にいまお目にかかることが出来たなら、お一人お一人に「おかげさまで」と心からお礼をいいたいと思う。いまもってただただ感謝の気持ちでいっぱいだ。

新店舗開店

昭和四八年一一月八日、新店舗開店。せともの屋を始めてから、何度も店を増改築しながらやってきた。今回は、古い建物を壊し、今度こそはと、建築設計もプロの人に頼んだ。

三ヵ月もかかってやっと出来上がった。その間、近くで仮店舗もやった。倉庫の二階を妹たちに貸していたが、一部屋空けてあった畳部屋に、家族五人が住んだ。下の空き地にプレハブとお勝手と食堂を建て、子どもたちも新しく出来上がる住居を楽しみに、暑い夏を頑張った。

新築の住居では、子ども部屋も一人一部屋になった。子どもたちはとても満足そうだった。信楽からは、父が祝いに来てくれた。母は毎年暮れに行っているからといって父一人でやって来た。父は、昭和三〇年に要町に来てくれて以来の一八年ぶりだ。

「三男はんよ、おめでとう。えらい奴だ。立派な店が出来上ったのう」と心からの祝いを言ってくれた。二階の住居には、初めて風呂場が出来た。

父に一番風呂に入って貰うことにした。父は水の神様にと、お米とお塩をお皿に乗せ、お風呂場に供えた。手を合わせ、「おおきに、おおきに」とお礼を言い、にこにこと一番風呂に入った。父は新店舗開店をとても喜んでくれた。なんだかささやかな親孝行をしたような気がした。親は、いくつになってもありがたいものだ。まして子ども思いの父だ。

今までは、お風呂に行くのは一苦労だった。子どもたちを風呂屋に連れて行くまでには、洗面器にお風呂用具一式を入れ、下着を揃え、風呂敷に包むという手順があった。うちにお風呂が出来たなんて感激だった。

さて、新店舗開店だ。黄色と黒の色で「陶器ほていや」とネオンの入った大きく立派な袖看板がつけられた。大泉の駅のホームにも同じ看板がつけられた。信じられないが、私たちのお店の開店だ。本当に広くて素敵なお店になった。

問屋さん、組合の人たちのお手伝いもあって、三日間の売り出しも大盛況に終わった。近所の商店街の店主、問屋さん、組合のみなさんなど沢山の方にお祝いを戴いた。新店舗開店を無事済ませることができたのはみなさんのお蔭だ。

商店街の会長の推薦で、昭和四九年度には練馬区から賞をいただくことになった。主人は、結婚した頃から口癖のように「東京で一番の瀬戸物屋になりたい」といっていた。

それならまずは、練馬で一番の瀬戸物屋にと思っていたが、今回商店街連合会の賞を受けたことで主人の夢に一歩近づいた気がした。

三〇年に開店して何度も店を増築しながら、やっと新築の大きな店が出来た。そんな時に、区長から賞を受け取るなんてこんなに誇らしいことはない。ところが、主人は同業者の会では率先してなんでもやっているのに、表立ったことは恥ずかしいらしい。本当に照れ屋だ。どうすすめても、主人は行かないと言う。区長室へは、私が賞を戴きに行った。賞状には、「昭和四十九年度練馬区商店コンクール優秀賞（有）ほていや大泉店殿」と書いてあった。夢の実現へ向け、主人と二人で受け取りたかった。

私の宝物・泥大島紬の着物

昭和五八年に長女が嫁いだ。次女は演劇の勉強、長男は大学へとそれぞれに自分たちの道に進み出した。親としては、ほっと一息といったところだった。

その時私は五〇歳。かかりつけのお医者様からは、五〇歳になったら心臓の手術を受けるようにと申し渡されていた。病名は「心房中隔欠損症」。娘の弘子と同じ病気だった。日常生活も少し辛くなっていた。確かに手術をするなら、いまがチャンスだった。私は、三井記念病院に出かけ手術を申し込んだ。

入院が近づくと、快く同意してくれていたはずの主人が急におたおたし、次々に心配の種を見つける。

「お前が店番が出来ないと大変だ。贈答品ののし紙の名前を書くのはどうする？　病院から無事に帰ってこられるよな」

「まだ一ヵ月も後なのだから大丈夫よ。それよりあなたが出来るようにしていただかなくては」

主人もしぶしぶうなずいた。さてそれからが大変。毎夜のお習字教室がはじまった。日中はお店で、箱のリボンかけの結び方を覚えてもらうのが一苦労だった。さまざまな準備を考えると入院するのも楽じゃなかった。そんな中、お店の人たちが「奥さん、店のことは僕たちで頑張ります、安心して下さい」と心強く私を病院に送り出してくれた。なんてありがたい言葉だろう。

五月一六日、手術の日を迎えた。家族みんなが病院の待合室に集合。心配して一晩中待機してくれた。手術は無事終了し、私は集中治療室に入った。翌朝、家族が一人ひとり白衣にマスク姿で、私の顔を順番に見に来てくれた。私は、口から人工呼吸器が入っているので受け答えは出来なかったけれど、心からありがたいと思った。嬉しかったなあー。しみじみ「私は、生きているのだ」と実感していた。

一ヵ月後、おかげで無事に退院ができた。心配をかけたうえに、さまざまな手助けをしてくださった商店街の方々や親せきには、「ありがとうございました」と心をこめてお礼のあいさつをした。

いらっしゃってくださるお客さんには留守を詫び、「これで私もまたお店に出られます。今後ともよろしくおねがいします」と言うと、みんなとても喜んでくれた。

そんなある日、九州有田焼の問屋さんから私宛に大きな荷物が届いた。あけてびっくり。

紬の着物と帯が三組も入っていた。黙ってそのようすをみていた主人が、「お前がいいと思うものを選ぶといいよ」と言う。そうか娘たちの着物かと思った私は、「少し地味な気もするけれどやはりこれがいいかな」とつぶやきながら、紺色の着物とレンガ色の帯を選んだ。

じっと私の手元を見ていた主人が、「お前の着物の寸法を入れて、有田に送り返すんだから」と言う。えっ私の着物？

「私だったらいらないよ。入院して医療費もたくさんかかったし、何と言っても命が助かったのだから。なんにもいらないわ」と断った。主人はにこりともせずこともなげに言う。

「お前の快気祝いだよ」

私が入院してお店が大変な時に、こんな準備をしてくれていたのかと思うと、胸が熱くなった。この際ありがたく作ってもらおう。

「嬉しいわ！　ありがとうね」

私は、素直な気持ちで主人にお礼を言った。

秋になって出来上がった着物が届いた。泥染めの大島紬は、手触りも深みのある光沢も申し分がない。あの三点のなかで一番高価だった品だ。なにしろ紬といっても紬糸ではなく本絹糸だけを用いて作られている。仕立ても最高だった。早速着てみることにした。こんなことはめったにないことだが、照れ屋の主人が真面目な顔で言ってくれた。

「いいよ。似合うよ」ちょっとわくわくした。それじゃあと店の定休日に美容院に行くことにした。お願いした着つけを済ませ、急ぎ足で家に帰った。

「ねえねえ、見てよ。見て！」

まるでモデルさんになったように主人の前をくるくる回って見せた。そして、その足で商店街をひとまわりしてきた。着物は着る人の良さでより際立つものだと言ったら言い過ぎか。一人でさっそうと歩いてくるのは何とも気分がいいものだ。

主人に報告すると、「お前はやっぱり変わりもんだな〜」と笑われた。でも、せっかく作ってもらった着物、またとない機会だからと半ば強引に主人を誘って、二人で石神井公園を散歩。久しぶりにゆっくり食事をして帰ってきた。一人で歩くより、主人と二人で歩く方がもっと幸せ。もっと気分がよかった。

店員さんたちのこと

数年間頑張ってくれていた男の店員さんのひとりが「ホテルの板前さんになりたい」と

退職した。暫くは店の寮に住みながら職を探した。やがて良い所が見つかって就職、東京にも慣れて巣立って行った。

私には、忘れられない店員さんがいた。この店員さんとは、語りつくせぬほどいろいろなことがあった。何せ、彼とは一番長いつきあいになって行くのだから……、何とも不思議な縁だと思える。その正君《ただし》のことを記しておこう。

益子の校長先生に頼まれ、中学を卒業したばかりの正君を烏山支店に連れて行った。それから四年たった頃、烏山支店の店長から連絡があった。正君は車の運転免許が中々取れなかった。そこで、夜中に店の車を運転。他人の家の堀にぶつけて壊してしまったという。その上、そのまま朝方に黙って店を出て行ってしまった。

その後、烏山の交番から連絡があった。買ったばかりの小さいテレビを包んだ風呂敷包みを背中に背負い、他の荷物を前に括り付けて歩いていたところを怪しんだお巡りさんに尋問されたのだ。

「これから何処に行くんだ」と質問され、「宇都宮です」と答えたというのは、お巡りさんから聞いた。そしてその後の正君の行方はわからなくなってしまった。烏山支店の店長からは、「正君は大泉店から来たのだから、大泉で探して下さい」と言われてしまった。さあ大変。

正君には、両親が居ない。親代わりとして面倒をみていた益子の校長先生にも連絡した。主人はすぐ益子へ情報を集めに飛んで行った。お兄さんの力を借りて知り合いのお巡りさんにも頼んだ。家出人の行きそうな所を探してもらったのだ。

幸いすぐ分った。正君は、パチンコ屋さんで働いていた。

「高久さんが引き取りに行っても簡単には渡してくれないだろう」と、益子の町長さんとお巡りさんが一緒に行ってくれた。事故を起こした正君を庇うと罪になると話して、やっと引き渡してもらった。主人は正君を東京へ連れ戻し、烏山店に送り届けた。

ところが、正君は、その夜のうちに、またどこかへ行ってしまった。もうパチンコ屋はこりごりと言っていたので、そのうち大泉に来ることを願って待っていた。

半年ぐらい過ぎた頃、今度は武蔵小杉の方から正君の従兄弟だと言う人がやって来た。正君は、小杉で左官業をやっている従兄弟の家で仕事をしていた。ところが、正君にバス通りの角で砂利とセメントを合せる仕事をさせていたところ、道路に広げ過ぎてしまった。そこへバスが来た。セメントの上を通過することになったバスが横転した。幸い回送車だったのだが、恐くなった正君は、自分の荷物を持ってそのまま、またいなくなってしまった。

左官業をやっている正君のこの従兄弟は「ほていやさんで匿っているんだろう。早く正を引き渡してくれ」と、けんか腰でやって来た。まったく知らないことなので「見つけたら渡します」と帰って貰った。

それからしばらくして、陶器組合の年に一度の窯元巡りの旅行会があった。その夏は瀬戸市に行った。窯元見学のためタクシーで移動していた時、ふと窓の外を見ると、正君が自転車に乗って道路の端をのびのびと走っていた。主人が気づいて、鳥山店長に「あれ正君じゃないか」と言ったが、「まさか」とまったく気にかけようとしない。

そこで主人が、タクシーを止めて確かめてみた。やはり正君だった。聞いてみると、バスの事故のあと恐くなって、せとものの問屋さんを訪ねていま働かせて貰っていると言う。そこは組合でも大きな取引をしている問屋さんだった。

主人が社長に挨拶に行ったら、「実はうちも正君には困っとりゃあす」と言われた。

主人は、「君は、校長先生に頼まれて東京に連れて来たんだから、困った時は何時でも大泉へ来るといいよ」正君に言って組合旅行から戻った。正君は、一週間後に大泉にやって来た。

「鳥山の件も、小杉のバスの件も逃げていてはだめだ。一緒に話をつけに行ってあげるから、正君は大泉で働きながら、人間としてきちんと責任はとらないと駄目だよ」

と主人が言い聞かせた。それからは大泉店で預かるようになった。

荷出しをさせ、時には、店に出て貰うが、正君は品物の計算を間違える。レジ打、算盤などを教えるのは私で、叱ることもあった。これまで良く働いてくれている店員さんや妹の千代ちゃんたちからも「一緒に働きにくい」と言われて困ったこともあった。主人と先輩店員の二郎君は、車で外回りの仕事に出ることが多かった。

そのため正君に色々と教えたりするのは、もっぱら私の役目となり、毎日とても大変だった。

主人に愚痴をこぼすと、「なあお前、テレビででっちどんやっていただろう、大村崑のでっちどんのことを思い出してみな。番頭はんからでっちどんまで、色々な働き方はあるんだから」と言う。

「あれはテレビでしょう、私はテレビの俳優じゃありません」

夜になると喧嘩だ。

毎日のように何か問題がある。でも正君の良い所は、脳天気と言うか、朗らかというか、何を言われても深く落ち込まないところだ。私に叱られても朝昼夕の食事の時は、テレビを見ながら大きな声で笑って、食べ終ると湯呑の中へお箸を入れて、その湯呑の内側をチャンチャカチャンと自分で声を出して叩く。お勝手のそばに食堂があるので、その様子を聞いて私も思わず笑い出す。

全くちがう性格の二人だけれど、二郎君は、いつも黙って食べている。他人のうちに来て遠慮していることもあるだろうに、私の作った食事を美味しそうに食べてくれている。色々な出来事があるが、縁があってこのほていやに来てくれて、頑張ってお店の仕事をやってくれている。そんな二人を見ていると、いとおしくなる。

思い出すのは定休日の前夜から主人、二郎君、正君の三人でよく魚釣りに出かけたこと。私は、大きなおにぎりを三人分持たせる。うれしそうに出かけて行く二郎君、正君の笑顔が今も浮かんでくる。

その二郎君は、十年近く居てくれたが、トラックの運転手になりたいと退職した。接客はあまり好きではなかった。幸い、よい勤め先が見つかりほていやから巣立って行った。こんなふうに、これまで何人かの店員さんがほていやからの門出を果たして来た。

何も分からなかった私も、周りの人に支えられてここまでやってきた。そしていまでは店員さんたちの巣立ちを見送ることになったのだ。

たとえそれがそれぞれの通過点であったとしても、別の仕事先についても、ここでのことが仕事や人生のなんらかの役に立ってくれたらと願っている。

信楽から上京してずっとほていやではたらいてくれた妹の千代ちゃんは、子どもたちの良きお姉さんでもあり、時には母親代わりまでして、ほんとうによく私を助けてくれた。

のちに素敵な伴侶を得て結婚、二人の男の子の母親になった。その後も時間のある時だけ、お店の手伝いをしてくれた。

その頃は私も、子どもたちが大きくなり店に専念出来るようになった。いままでで一番嬉しかったのは、お店の品物が売れるようになり、せとものやの業界から注目されるようになったことだ。

取引先のHOYA株式会社で食器部門の会合があった。年に四回、店員セミナー、奥様セミナー、社長セミナーと勉強会があり、正君、千代ちゃん、主人、みんなでセミナーに行った。私は店員セミナーと奥様セミナーに参加した。これには都内の陶器店の人たちが出席した。この席で、各部門別に毎回三人ほどが表彰された。

私はPOP部門では必ず賞を貰った。元々私は、絵と言葉を書くのが本当に好きだったが、勉強会に行く度に必ず表彰されるのは嬉しいことだった。

一九九〇年には、「HOYA会・食器部門　二十五周年」の記念集会が東京赤坂プリンスホテルで盛大に催された。全国から選ばれた陶器店が招待され、私も出席した。懇親会の後はディナーとなり、「ペギー葉山と秋満義孝とクインテット」がヒット曲二三曲を演奏し会場を魅了した。その夜は、ホテルで一泊。翌日は観劇を楽しんだ。夜のパーティになるとドレスに着替える奥様たちもいた。私もその日のために、頑張って素敵なスーツを着て行ったものだ。

実は、この二五周年のセレモニーの席上で、ＰＯＰ大賞を受賞した。記念品とともに届けられた二五周年記念特集号には、「(有) ほていや大泉店　髙久道子」と私の名前が載っていた。主人は驚きもしなかったが、東京で受賞したのは私一人。保谷クリスタルで、東京ではたった一名だけがこの賞を貰ったのだ。今迄も毎回賞を受けて来たが、これは特別嬉しいことだった。

ところが、時代の移り変わりだろうか、その年の暮にはＨＯＹＡ会は食器部門を閉めることになった。クリスタル事業から撤退したのだ。ＨＯＹＡ会がそんな大きなイベントを開催した年の暮に会を閉めるとは思ってもみなかった。やっぱり大手の会社は先を見ているのだ。

でも私たちは、小さな商売だ。近くにスーパーが出店し、せとものも売られている、大手スーパーと対抗は出来ない。色々やってみても勝ち目はない。それよりも小売り屋にしか出来ない配達のサービスとかお客様との会話を大切にして商いをやってきた。私がお店に居ないと帰ってしまわれるお客様もいた。

時代は変化しようとしていた。私たちも新しい挑戦をはじめていた。主人は結婚式場の引き出物納めの仕事、私は練馬区の公共施設、学校、区民館、文化センター、色々な場所で使って貰う食器を購入して貰うため、役所などへも度々交渉に行った。おかげで、区内に納めるようになり売り上げも増すようになった。

このように公の仕事もできるようになったのは、民主商工会に加入して色々な事を勉強させてもらったお陰だと思う。

会は、色々な業種の方との交流もあり、人生経験も豊かな先輩や仲間たちに沢山の事を勉強させてもらい身につけてきた。営業や暮らしに行き悩む時も、やはり元気な明るい仲間たちの支えがある。何事につけ民主商工会を心の拠り所として商売に努力してきたので、いまがあると思っている。

閉店、感謝の日々

道路拡張による立ち退き、そして閉店

みんなで頑張っている矢先に東京都から立ち退きの話があった。大泉街道を拡張するためだという。商売は辞めたくないが仕方ない。立ち退き料は、二年前に隣の店が立ち退いた時の半額になっていた。都の人の話によると、今年は評価額が下がったからの一言で決められたとのことだ。立ち退きまで、約半年間の時間があった。その間、閉店売り出しをやることにした。主人は、売出しをやるのも消極的だった。おかげで、沢山の品物をどうやって売るかと大変だった。二女の弘子も手伝ってくれて、白い敷布に赤の文字で〝閉店

売り出し半額〃の文字を大書し、二階の窓からぶら下げた。店には四十三年間有難うございましたと、感謝のチラシを貼った。一生懸命売りまくった。弘子も良く手伝ってくれた。平成八年三月まで売り尽くしをやったが、品物はまだかなり残った。

主人は、益子の陶器市で売れるから心配ないと言って、正君と二人で度々益子の貸倉庫へ品物を運んだ。店をやりながら、引っ越しの準備をやることになった。大泉の倉庫の跡に新居も建て、一度に忙しくなった。毎日が夢中だった。

店がなくなるということは、収入がなくなることだった。店の代わりにと、立ち退き料で、同じ練馬区内の豊玉に小さなアパートを建てた。まあ良くやって来たと思う。思い出がぎっしり詰まったほていや大泉店は閉店になった。

その夜、店の真ん中で、正君、弘子、主人、私の四人で四三年間の店とのお別れ会をやった。主人が正君と私、そして弘子に、「長い間、私の片腕となり本当によくついて来てくれましたね。半年間の売り出しもやっと終わりました。弘子もよく協力してくれましたね。ありがとうございました」と深々と頭をさげた。

正君には、会社が約束した退職金と、特別手当を手渡し感謝の意を表した。四人とも胸があつくなり、涙をこらえた。

この正君は、二五年間ほていやで働いてくれた。その間に住居も購入。いまは、三人の子どものよき父親だ。ありがとう、ほんとうにありがとう。つきぬ話を胸に正君も店をあとにした。

平成八年四月のことだった。毎日がお休みかお正月みたいで、とっても落ちつかない。長い間働き続け身につけた習慣とは違う日常にとまどい、閉店でぽっかりと心にあいた隙間がなかなか埋まらない。引っ越して来た荷物もそのまま。暫くはぼーっとしていた。弘子が私たちに、「お父さんも六十六歳だし、勇退するのも大事だよ」と言ってくれた。その一言で、「そうだよね」と気持ちが楽になった。

いよいよ明日、気に入っていたお店が解体される。主人も私も見たくないので行かない事にした。大工さんから、「つくりつけの簞笥も勿体ないね、店の棚とか色々欲しい方に上げても良いですか」と聞かれた。「使って下さる方があれば、どうぞ差し上げて下さい」と答えた。大きなステレオは大工さんにあげた。

私は主人に「二人で最後に店と二階の住居を見に行かない？　ねえ一緒に行ってくれない」と無理矢理頼んだ。品物のない店の中も、住居もとても大きく広く感じた。開店の時、HOYAクリスタルから貰った高級品のグラスを飾るウインドーケースがあった。

「このウインドーケースだけは、私、記念に欲しいなー、あとのウインドーケースは作り付けだからだめだけれど、どうしてもこのケースだけは自宅へ持って行きたい」と主人に頼んだ。主人が夜中に車を出してくれ、中のガラス板の棚をはずしてやっと住居の方に持って来た。気がついたら夜が明けていた。

半額で売るのは勿体ないクリスタルグラスだけは、後で買いたくても半額では買えないので、私はこっそり仕舞っておいた。主人が休んだ後で、私はビールグラス、ワイングラスを色々段ボールから出した。ガラス棚を綺麗に拭き、グラスもピッカピカに拭いて陳列した。

閉店セールの「ほていや」

まだお店をやっている気分で、疲れも感じなかった。朝までかかってガラスケースに並べた。しばらく眺めているだけで幸せだった。お店の名残の宝物がここにある、そう思って並べていた。今までの思いが、走馬灯のように頭の中をぐるぐると駆け回った。

バックは黒、文字は黄色で書いてあった店の袖看板。「陶器ほていや」は、夜になると看板に電気がつき、鮮やかな黄色の文字が映える。私はその看板が好きだった。なによりの自慢でもあった。その看板も持ってきたかったが、それは叶わなかった。

「みんなさようなら、長い間ありがとう」それぞれに感謝して〝私たちの店〟と別れを告げた。涙が止まらなかった。

益子の陶器市

栃木県の益子の陶器市＝陶器まつりは、例年五月のゴールデンウイークと一一月三日前後の年二回開催される。販売店は五〇を越える店舗と、二〇〇以上のテントが立ち並ぶ。全国各地から春は四〇万人、秋は二〇万人が訪れる一大イベントとなっていた。茶碗、湯のみ、皿、コーヒーカップ、箸置きなどの日用雑器から、壺や花器など美術品まで日頃より遥かに安い値段で販売され、テントでは、窯元の職人さんや陶芸作家とも直接話せるとあって大変に賑わう。

主人は、実家の民芸店の前の空き地を借りて一〇年前から店員さんを一人連れて、露店をやっていた。ワゴン車で荷物を何回か運んで、陶器市の五日前くらいから品物を並べる準備をする。その頃は、面白いように売れた。主人は閉店後も商人としてその楽しさが忘れられず、平成八年の五月のほていや閉店後も陶器まつりに露店を出した。

主人一人ではとても出来ないので、私は初めて一緒に手伝う事になった。一〇日分の下着、洋服の着替えを段ボールに詰め支度した。主人はもう慣れているので、つり銭やら黄色のポスターカラー、マジックなど商売用の備品の準備を済ませ、すでに車に積んである。泊まる場所は、陶器市を始めた頃から山の中の志ら梅荘というペンションに決めていた。「夕食と朝食付きで、何もしなくてとてもいいぞ」と主人が言った。夜明け頃から、主人のワゴン車で出発だ。私は気楽な旅行気分で、主人の助手席に乗って、楽しく出かけた。三時間で益子に着いた。お盆のお墓参りしか来ないので、久しぶりだ。もう各民芸店の入口と空地にテントが組み当ててあった。陶器まつりの昇り旗も沢山はためいていた。

少しゆっくり兄夫婦とあいさつをしていたら、主人が、「すぐ夕方になる。遊びに来たんじゃねえよ」と言う。「本当だね」周りを見渡すと、山があり畠があってとても静か。五月の風が心地よい。何をして良いか分からないが、確かに遊びに来た訳じゃないのだから頑張るしかない。主人に促されて動き出した。

兄の店の前の空き地を借りて、主人はテントを二個並べて店作りをする。車から荷物を空地の角に降ろす。次に店の裏に置いてあるテント一式を持って来て組み立てにかかる。主人は慣れたもので、実に手際がいい。でもパイプを組立てたり、それを立ち上がらせるには二人でないと無理だ。

「オイ、そっち持ち上げて！　次にこっち」と言われても、私と主人の背丈が違うのでなかなか上手く立ち上がらない。手を挟みそうになる。軍手をして、やっとの思いでテントを二個組み立てた。パイプの角々に風で飛ばされないよう、重石を紐で結わく。テントも細かくしっかり紐で結わく。初日はそれで夕方になってしまった。

車でペンションに行く。本当に山の中だ。疲れたなー、露店と言うのは大変な仕事なんだということがよく分かった。夜になって辺りは真っ暗。静かで怖いぐらい。蛙の泣き声だけがいつまでも聞こえている。

兄の店の裏に置いてある、プラスチックのコンテナを一〇〇個位運んで来て、テントの中に並べ、その上にベニヤ板を置くと立派な陳列棚になった。品物を並べると、本当にどこにも負けないような店になった。割引の正札を書くのは私の得意とする所だ。こうした準備で三日間もかかった。

いよいよお祭りの初日だ。近くに共販センターの駐車場があって、車が二〇〇台位入る。私たちのテントは人が沢山通る所で、見る客が多い。帰りに買って下さるお客さまもある。

毎年来てくれるお客様が、「あれえ、今年は母ちゃんかい」「もっと安くしねぇと買わねぇよ」と主人をからかう。押し問答の末、半額ぐらい値切られてしまったりもする。お客様から「こんな焼物は、値があって無いような物だよ」などといわれると馬鹿にされている気がする。私は小物やお皿一枚二〇〇円、丼三〇〇円とかを買って下さる方の接客をしていたが、会話は聞こえていた。(嫌だなー、そんなに馬鹿にされて売らなくてもいいのに)私は悔しくなる。

「なんだか惨めでやりたくないわ」

益子陶器市の出店風景（筆者画）

ついに主人にぼやいてしまった。

「お祭りに来るお客様は楽しみに見えるんだよ。楽しんでどんどん駆け引きしながら買って貰えばそれでいいんだよ。損はしてないからな。露店は何百店もあるんだよ。うちのは安いから帰りに買ってくれるんだ。まあまあ焦るな、気楽にやれ」

主人は、笑顔で言った。

私にも、東京の店での「いらっしゃいませ」の言葉は露店では通じないことが分って来た。でも私は商売が好き、接客が好きだ。値切られても、からかわれても、笑顔で会話が出来るようになった。「奥さんは愛想がいいなー、また来るよ」と言って下さる方もあった。

夕方薄暗くなった頃、ビニールシートを掛けて店じまいだ。風で飛ばされないよう、二人でシートを引っ張って、紐で結わく。主人は、段取りよく、てきぱきと仕事をこなしていく。思わず「とても上手に出来るあなたは本当に凄いね。東京ではあまりしないのに」とほめた。

主人は笑顔をうかべながらこともなげに、「露店はなあ、真面目にやらないと、夜中に風で飛ばされる事もある。怪我にも気をつけて開け閉めしないと大変だよ」と言う。主人は、やはり男だ。主人を見ながら私もお客様を大切に露店をやろうと思った。手伝うようになって、主人から、「お前がいるから店番は鬼に金棒だ」と言ってもらい、信楽からも陶器の傘立をトラック一台一〇〇本ぐらい、花瓶一〇〇個と仕入れるようになった。祭りが終わって残った品物を入れる為にペンション志ら梅荘の土地を借りて倉庫を建てた。どんどん品物を仕入れるので仕事が増して来る。

私はこの先、何年露店が出来るのか心配になって来た。秋の祭りは準備三日間、まつりは五日間。残った品物を倉庫に仕舞って、翌日帰る。倉庫の中で片付けをしている時は、足元から冷えて来る。こんな思いまでしてどうして露店をするのだろう。私は嫌だ、もう嫌だと思う。宿でお風呂に入り、お酒を一杯飲んで笑顔で売り上げを数えている主人を見ると、本当にせともの屋の商売が好きなんだなー、やっぱり手伝ってあげないと一人では出来ない仕事だものと思う。

でもテントの下とは言え、外で一日中立ちっぱなしはとても疲れる。あの東京の大きなお店が良かったなー、もっと続けていたかった。いまさら愚痴っても仕方がないことだ。さて、今日も秋晴れで、田舎の空はきれいだ。

主人が、「さあ、帰ったら、来年春の陶器市まで、自分の好きな絵でも歌でも趣味の事をやればいいよ」と言ってくれる。

主人は、自分でも友人と一ヵ月に一度はゴルフに行く。そんな平穏な日々が続いて、お店を頑張って来たご褒美に神様が下さった時間なのだなーと幸せを感じていた。

家族旅行・屋久島への旅

閉店後は、子どもたちもそれぞれに独立した。大泉の自宅は、結局私たち二人になってしまった。気楽なようであり、淋しさもある。

平成一一年の正月は、久しぶりに家族全員で新年を迎えた。埼玉にいる息子夫婦、桜台に居る娘二人は、大晦日から来ている。店をやっている間は、年末年始はかきいれどきの大忙しだった。みんなでこんな時間にくつろげるこんな日が来るなんて考えられない。みんながやっと落ちついた。

「閉店のご苦労さん会として、今年の夏はちょっと豪華な旅行をしたらどうかと考えているのだけれど、どこがいいかな」私が家族に切り出した。娘たちが「今までお父さんの車で、お任せで連れて行って貰っていたわね。今年は、私たちで考えるから任せて貰っていいかしら。無論、ご苦労さん会だからスポンサーは、お父さんとお母さんよね。お母さんお願いしますね」

「いま更、毎度のことでしょう」と笑った。主人が初めて口を開いた。

「お前たちは、どういう訳か、相手が居なくて可哀想だから、仕方なく金を出すんだよ。早く連れて行ってくれる人を、見つけると良いね」

すかさず二女が、「こんな良い娘がいなくなると、お父さんが寂しくなるわよ。だからお嫁に行かないのよ」と言い返す。話が弾み和気があふれる。

「私たちが、お父さんもお母さんも楽しめる場所を探してみるからね」娘たちも快く引き受けてくれた。お酒も入っていたので、話が膨らむ。

「予算はどのくらい？」

「幾らでもいいよ。みんなで行けるのなら」と主人。

「ヨオ、さすが家長。お任せあれ」

二女は芝居気たっぷりに応酬。おだやかな時間が過ぎて行った。息子夫婦は、仕事の都合で行かれない。初詣に出かけた後、「家族旅行に行けないのは残念だなー」と言いながら帰って行った。


春の益子の陶器市が終わって帰宅するのを待っていたかのように、二人の娘たちが、旅行の話をもってやって来た。娘たちは、用意周到。リビングのテーブルの上に、沢山のパンフレットと資料を広げだした。大きな地図と旅行プランの書いたものを広げて、説明を始めた。


「まず旅行先は鹿児島県の屋久島でーす。お姉ちゃんも私も、会社の休暇は取りました。後は、お父さんと、お母さんの健康管理です」

娘たちは、二ヵ月前から両親に負担がかからず無理のない旅にしたいと旅行会社と念入りに相談を進めて来た。


屋久島に行って来た友人にも聞いて、靴、リュック、持ち物と詳しく調べた。羽田から飛行機、そして船に乗り換えるのも時間に余裕を持たせた計画を立てて来てくれたのだ。

(本当にこんな大がかりの旅が、私たちに出来るのかなー)

「いつもの栃木か、福島と思っていたのに。それに私は、飛行機で空を飛んだことがない。

事故にでもあったら死ぬかもよ」

私は、ついつい不安げに言った。娘たちが、「お父さんもお母さんも、いまだよ。いまなら行けるよ。今年がそのチャンスだよ。世界遺産になった縄文杉を見て来ましょうよ。大丈夫だよ！　私たちが一緒だからね」と言ってくれた。

いままでのことを振り返ると、「本当だね、いまだね」主人もその気になっているようだ。屋久島へ行くことに決まる。荷物も前もってホテルに送った。準備万端である。

いよいよ出発だ。当日は、朝六時に家を出た。羽田空港の賑わいに、ただただびっくり。とにかく娘たちに迷惑と心配をかけないようにしなければと思っていた。楽しい家族旅行なんていう心の余裕などない。飛行機の座席について、やっと空を飛んでいる実感がわいてきた。

窓から外を見ると、夏なのに下の方にはきらきら光るような雪が広がっていた。へぇー、こんな沢山の雪、見た事がないと心のなかで思っていた。

しばらくすると娘が、「お母さん、ほら雲の切れ間から小さく街並みが見えているでしょう」と教えてくれた。へぇ、雲？　東京は雨で雲の上を飛んでいたのだ。（そうか、そうか。雲か）ちょっと恥ずかしかった。飛行機にも慣れ、やっと不安も吹き飛んだ。なんだか急

屋久島・縄文杉への登山ルート

に楽しくなって来た。
「ホテル屋久島」に到着。十六日朝五時にタクシーで登山口まで向かう。
「さあ縄文杉へと出発でーす」娘たちの元気な声。タクシーの運転手さんが、「縄文杉でお弁当を食べたら少し休んで下山して来て下さい。お帰りをお待ちします。気をつけて楽しんで来て下さい」と見送ってくれた。

他のタクシーも沢山来ていた。朝のタクシーが、お客さんの帰りを待っていることもはじめて知った。怖いもの知らずと言うのも、かえっていいものだ。この先、どうなっているか分からないが、いまは楽しい。

私は歩くのが好きだから主人の後からついて歩く。大勢の人たちが私たちを抜いて、どんどん歩いて行く。娘たちが、「これからはトロッコ道が続くからね、足元も見ながら気をつけてね」と声をかけてくれる。ちょっときつい。
「余りゆっくりしていると、お昼に縄文杉につかないからね」

線路の道が、歩けど歩けど続く、やっと山道になった。自然の道なき道だが、他の人たちも沢山歩いているので、元気を貰って歩ける。

時々、休憩を取りながら、やっとウィルソン株という巨大な切り株まで来た。主人は、「さすがにもう疲れた。お前たち三人で縄文杉まで行ってくるといいよ。お父さんは、ここで待っている」と言い出した。

娘たちが、「ここまで来たら、もう少しだから、がんばろうよ。休み休み登ればいいのだから」、と父親を励ましていた。主人も、それならばと気をとり直し、また四人で歩き出した。やはり少しきついなあというのが実感だった。それ以上に、道がなく木の根をまたぎまたぎして登るのはなかなかだった。

娘が、「お父さん、友だちに教えて貰ったのだけれど、木にピンクのリボンが結わえてあるでしょう。あれはね、目印としてあるんだよ。ほらここにもある。ねえ、ここにもあったでしょう。これが近道の道標なんだよ」と言う。主人を真ん中に囲んで登った。

やっと辿り着いた縄文杉は、標高一二八〇メートルにあり、幹周は一六メートルと本当に大きい。写真もいっぱい撮り、ありがたくお弁当を食べてゆっくり下りた。登りは疲れるので、あまりお喋りはしなかったが、帰りは話すゆとりも出てきた。二女の弘子が色々調べて来てくれ杉の名前を教えてくれた。

「大正三年に、アメリカのウイルソン博士が、世界に紹介したんだよ。伐採されて、四〇

○年経つ切株の中は、畳十枚分だよ」
（まあすごい！）私は感心するばかり。

湧水と、木魂神社があった。思わず、ここまで戻って来られたことに感謝し、神社へお礼参拝をした。みんなもそれぞれの思いで参拝した。

「やっと、大株歩道まで戻ってきたよ、ここからトロッコ道で、あとは鉄橋を渡れば登山口だよ」

弘子がまた声をかけてくれる。主人も、長女の淳子も結構へとへとになっている。

実は主人は、川下が見える橋を渡るのはとても苦手だ。もう薄暗くなっていた鉄橋を主人を真ん中にして、ゆっくりゆっくり渡った。みんな無口になり、黙々と歩いた。やっと荒川登山口へ帰って来た。

タクシーの運転手さんが待っていてくれた。私に抱きつくようにして、「お帰りなさい！　今日は、良い天気で、みなさんお元気で、本当におめでとうございます」と喜んで迎えてくれた。「ここまで来て、雨で登れない人がいっぱい

縄文杉の前で記念撮影

いるんですよ。何回来ても、雨で帰られることもあるんですよ。初めて来られて登れたなんて、びっくりです。特にお母さんのことを心配してお待ちしていましたよ」という。

夜は、さすがに疲れが出て大変だった。私たちは、全員が体調を悪くしないで、みんなで登るという目標を達成できたことに乾杯した。家族の笑顔はいいものだ。

翌日、鹿児島の海岸を散歩。娘たちは、コバルトブルーのきれいな海に歓声をあげ、思わず泳ぐことになった。十八日は一日市内観光。十八時三十分、鹿児島発羽田行全日空六三〇便に乗って帰京した。私たちは本当に飛行機で旅行に行って来たのだ。

窓から見えるきれいな夕焼けにも感動。私は何時までもあきずに眺めていた。今回の旅は、すべてが驚きと感動でいっぱい。いつまでも私たちの心に残る旅となるだろう。

取りあえずは、二人に感謝だ。こんなすてきな計画を立ててくれた二人の娘たちに、心からありがとうと言いたい。淳子、弘子、本当にありがとう。

いつの日か、今度は息子たちもふくめ、みんなでまた行きたいものだ。

主人が旅行先の山形で入院

秋の陶器市も終わって、主人は楽しみにしていた益子の同級会の旅行に出かけた。一一月二八日のことだった。朝早く宇都宮まで行くのは大変だからと、前日から自分の仕事用の大きな車で出かけた。何時もの志ら梅荘に泊まるという。その日は、お天気もよく気持ちが晴れ晴れするような日だった。

私は、「今日は三男さんも、みんなと一緒にバス旅行に出かけた頃かな。楽しんでいるだろうな」などと考えながら家の中を片付けていた。私は、家中を整理するのが大好き。主人が留守の間はなおさらだ。夏物だ、秋物だと衣類をいっぱい出して、部屋中に広げ、季節ごとに入れ替える。ついでに、簞笥も動かしてしまう。食事をするのも忘れるぐらい熱中して一気にやりあげる。良い女の資質もばっちりだといいたいところだが凝り性の私のこと、これが嫌な癖か良い癖かは分らない。

そんな矢先の出来事だ。夜明けの四時頃、電話の音にびっくりして飛び起きた。急いで受話器をとると、男の人の声がした。

「もしもし、髙久さんの家ですか？」

ことさらゆっくりしゃべっているように聞こえた。

ましてこんな時間の電話だ。これは子どもが車で事故にあって、警察からかかってきたと一瞬思った。ところが、電話の主は、主人の益子の旅行に一緒に行っている幹事さんからだった。益子弁で、「奥さんですね。実はみっちゃんがね、夜中に急にお腹が痛みだして……。慌てて救急車で入院させましたが」との連絡だった。

主人の友人の幹事さんは、なおも、「鶴岡病院だから、朝一番の列車に乗り、新潟で乗り替えて来て下さい。私達は、バスで益子に帰りますから、よろしくお願いします」という。

さあ大変、息子に連絡すると、すぐに車で新潟まで行ってくれた。でも、山形鶴岡なんて、行った事もない。駅で聞きながら、快速電車に乗った。日本海のすぐそばを走っている。窓から見た海は、とても荒々しく寒々としていた。一時間近く乗っただろうか。鶴岡の駅に着いた。タクシーで病院に行き、案内されて病室に入った。

主人は鼻からチューブを入れていた。お腹からも管が出ていて、その下の瓶に繋がっている。瓶の中は、真っ黒な色の物がたらたら流れ落ちていて、とても辛そうにしていた。先生にお話を伺うと、「腸閉塞になっている。これは手術かと思ったが、東京から来て居られることだし、術後は大変だから、いまはこうして管を出して様子を見ている所です」と説明してくださった。その夜は、病院からマットを借りて、主人のベッドの下で泊まった。朝、また先生の説明があった。

「手術しないで点滴で治しましょう。一週間は食事なし、お腹の管からは、真っ黒い物が流れ出ているが心配ないです。退院までには、十日はかかりますよ」と言われた。

何も食べないで、点滴を一日中している主人を見ていると、そのままおいて帰るのはしのびない。第一私にはそんなことは出来ない。こうなったら近くで宿を探して、毎日病院に通うことにした。病院の受付に居る方に聞き、近くで宿泊料の安い所を教えてもらい早速行ってみた。

紹介された月山荘という旅館は、NHK鶴岡放送局の傍で、病院からは歩いて二十分くらいのところにあった。旅館の周りにはあまり家がなく、放送局もとても静かで淋しい感じ。宿の奥さんに理由を話して、すぐタクシーを呼んで貰った。その足で鶴岡の駅に出て、東京へ向かった。子どもたちには「今夜集って欲しい」との連絡を入れた。

日本海の側を走る電車に乗った。席に座った私は、「海が見えるのはこちら側ですか?」と、隣の席の若い女性に聞いた。「こちらですよ」と気持ち良く答えてくれ、「どこまでいらっしゃるのですか」と聞いてくれた。心が解けた私は、昨日から今日までのことを一気にしゃべった。

するとその女性が、「荷物を旅館に送られるのでしたら、これから毎日のように雪が降るので、カッパと長靴も入れておかれるといいですよ」優しい口調で教えてくれた。へえー、考えてもいなかった。何よりありがたいアドバイスだった。その方は、お話の中で、「静岡の友人の所へ一週間ほど太陽を見に行く」と言っていた。太陽を見に行くってどういうことだろうと思いながら、荒々しい日本海を見ていた。

夕方、大泉の自宅に帰った。子どもたちは、揃って待っていてくれた。早速、主人の入院までの経過と、先生から聞かされた病状と治療法などを説明した。子どもたちは、すぐに行動してくれた。私は、荷作りだ。主人のパジャマ、下着、自分の衣類も入れた。列車の中で教えてくれた方の言葉を思い出し、長靴とカッパも入れた。息子が、コンビニまで行き、荷物を出して来てくれた。子どもたちがこんなにやってくれるなんて、とても心強く感じた。翌日朝早く鶴岡へ向け出発した。列車の窓から見える海は、やはり荒々しく寒々しく感じた。

月山荘では、入口の引き戸がしっかり締まらなく困った。寝ていると、頭の側から隙間風が入るので、頭からタオルを被って眠りについた。朝食は、食堂で食べる。自分で支度しなくて済むのは何よりの慰めだった。でも主人は、食事が出来ないのだから可哀想だ。病院へ出かける私を見送ってくれたおかみさんが、「今日はみぞれが降っているから気をつけて」と言って下さった。

病院へ行っても、何もしてあげられない。そっと言葉をかけるだけだ。夕方薄暗くなるのがとても早い。主人は私のことを心配して「早く宿へ帰りな」と言ってくれる。旅館までは、車は走っていても、都会と違って人は余り歩いていない。ぽつりぽつりと街灯があるが、淋しい街だった。

病院の前から大通りに出て、交差点を右に曲がると真っ直ぐ一本道だ。遠くに放送局の明かりが見える、そこまでただ夢中になって歩いた。

旅館に着くと、おかみさんが、「高久さん、荷物お部屋に入れておきましたよ。お食事をどうぞ」と声をかけてくれた。温かい食堂でほっとする。翌日から、本当に毎日雪だった。朝も夕方も吹雪なのにはびっくりした。長靴が大変役に立った。列車の中で教えてくれた方の顔が思い出された。

少し微熱があるが、やっと主人の退院の日が来た。先生から、「もし列車の中で高熱が出たら新潟の病院に行くんですよと」言われた。心配だったが、その夜無事に東京に着いた。十三日ぶりの帰宅だった。

元気になってから話を聞いてみると、「益子からバスの中で一日中お酒を呑んでいたんだ。バスの後の席がサロンになっていてな、そこでみんなに勧められて呑んじゃったんだよなー」という。(呆れて言葉が出ない。人のせいじゃなくて、自分がお酒に卑しいからでしょう)

私は、腹が立った。

(まあこの人は、人のせいにしては、お酒に呑まれてしまうんだよね。大病ばかりしてい

るのに、どうして懲りないのかな。でもありがたいことに、命は助かるんだよね）

主人の旅先での入院は、陶器市の間に、神様が下さったささやかな幸せに満たされていた矢先のどんでんがえしだった。

立派！　六十年間せともの屋に徹した主人

春の陶器まつりは連休の日程によって、一週間の祭りになる。一ヵ月ぐらい前から瀬戸から仕入れた食器の正札をつけたりとても忙しい。体調にも気をつかい、病院の薬も二週間分ぐらい貰ってくる。主人と私の下着や靴下などの着替え一二日分を段ボールに詰める。私は準備が大変だ。近づいてくると、気が重い。でも露店に来て下さるお客様が「東京の母ちゃんに土産持って来たよ」と、笑顔で漬物やかき餅やお握りを持って来てくれたりする。ありがたいことだった。

この春の陶器市には、二人の娘が二泊三日で手伝いに来てくれた。

「お父さん凄いね、沢山の品揃いで、割引正札も活き活きと書いてあって、駅から歩いて来たけど、お父さんの露店が一番立派だよ」と言う。主人もまんざらでもない顔で、「そりゃあ小売店を何十年やって来た本職だよ」二女弘子に褒められ、得意になっている。

午後に観光バスが何台も入って来ると、大忙しだ。お土産に小物を買って帰る方がバスの時間を気にして「早く！　これ包んで」「早く早く」急かせるお客様もいるからまあ大変。私も娘たちも小売店をやってきたので、流石にお客様に接する術は身についている。気持ち良く買っていただくことが出来た。夜に宿へ帰り、四人で夕食だ。主人は娘達と楽しそうにビールで乾杯。宿のおかみさんも娘たちが来たので、何時もよりおかずをふやしてくれた。おかみさんの気配りに感謝。

二女が「お父さん今日は、幾ら売ったの？　早く数えてごらんよ」と大はしゃぎ。

この頃はまだまだ面白いように売れた。娘たちは、三日目の午後お父さんから一日一万円計三万円のバイト代を貰い、益子の駅まで送ってもらって東京へ帰って行った。

四人で仕事をして、にぎやかな夕食をとれたのは陶器市のお蔭だ。娘達が帰った夜は、淋しくなって風呂場で泣いた。娘たちも、三年間続けて春の陶器市に手伝いに来てくれた。

陶器市も、時代の移り変わりなのか、お祭り気分で買う人も少なくなって来た。私も東京のお店を閉めて、主人の露店を手伝うようになって、一〇年になった。主人も七六歳になり流石に疲れを感じるようになってきた。

念のため病院で検査を受けてみると、主人に思ってもいなかった病気が見つかった。そして平成一八年の春で本当に露店を閉めることにした。

この陶器市では、新たな仕入れは一切止め、倉庫にある品物を安く売ろうと二人で決めた。すべて手持ちで、新たに仕入れた商品がないので、とても体が楽だった。あの手この手で正札を書き八日間で殆ど売った。

「お父さん、仕入れ品の支払いがないから、売っただけ儲けですね」といいながら、頑張って夜も真っ暗になるまでやった。うちの露店は帰りのお客様の通り道なので、品物を盛った籠ごと買って下さるお客様もいた。ありがたいことだ。

益子の倉庫は若い女性の方から「陶芸家の勉強をしたいので安く売って欲しい」との話があり買ってもらうことにした。主人は、もう二度と仕事は出来ない身体なので思い切りよく決めた。残りの品物は、ペンションの志ら梅荘の奥さんが、「バザーにでも出すから、そのまま置いていってかまいませんよ」と言って下さった。

思えば主人は、商人になると決めた一七歳〜七六歳までの六〇年間、一途にせともの屋をやり切った。その苦労は、筆舌には尽くしがたい。主人は、仕事も病気も立派に乗り切ってここまで来たのだ。努力したからこそ運がついてきたにちがいない。

主人は、実は見事に運の良い人なのだとつくづく思う。三男さん、本当にごくろうさまでした！

生きさせてもらうということ

主人の検査結果が出た。医師からは、「骨髄異形成症候群」と診断された。主人は、骨髄から自分の血液がまったく作れないので、定期的に輸血を受ける事になった。大腸がんの手術もした。糖尿病もある。あげればまだいくつもの病気がある。輸血をしていると体中に鉄分が溜まり、体中の機能の邪魔をする。そのためもの忘れをしやすくなり、生活に異常が出てくる。でも、現在こうして生きさせて貰っている。私だって介護に疲れる時もある。耳も遠くなったので、何度も大きな声を出してしまう。補聴器を薦めても、「あんな物はいらない、勿体ない」と聞いてくれない。貧血があるので、毎日家の中で好きなようにしていたいと言う。

午前中近くの川辺の散歩に行き、後は寝ている。病弱な体なので食事にも気を使う。一日一回、私がインスリンの注射をする。寝る前は、鉄分を溶かす薬を水で溶いて飲ませる。お風呂も一緒に入り、体を洗ってあげる。そんな毎日に主人は「ありがとう」と言って感謝してくれる。

誰かの言葉じゃないけれど「生きてるだけでまるもうけ」といいたくなる。本当に幸いなことだ。そんなこんなで、いまでは、昔の生活を思うと住まいの台所に立っても、ガス、水道を使っても、トイレに入っても、「トイレさんありがとう」。お風呂に入っても、どこへ行っても、私は心の中で「ありがとう」「ありがとう」という感謝の気持ちが湧いてくる。

いま私は、何事にも感謝をしたい。今日も「一日ありがとうね」と床に入る。そんな繰り返しの毎日だ。

私は主人の両親とは一緒に住んでいなかったので、人間の老いてゆく姿も病気になった姿も直接は見ていない。いま自分たちが老いや病気に直面するようになって、はじめて親の気持ちを考えるようになった。

遅すぎではあるが、「寂しかったでしょうね、辛かったでしょうね」と声に出して言ってみる。その時の親たちの寂しさや辛さに寄添うことも、精神的に支えてあげることも私には出来なかった。

それだけに、いまあらためて誰にも来る老いや終末期について考えさせられている。主人も私もさまざまな意味で、まだこれからだ。主人と手を携え、毎日出来る努力を重ねながら納得がいくような充実した日々を送りたいと思っている。

そうは言っても、時として主人に大声を出してしまうこともある。耳が遠い主人に、もっとゆっくり話をしてあげればいいのに……。五分おきに同じ事を聞かれても、優しく返事をしてあげればいいのに……。

「あ〜あ　私は優しさ欠乏症か」なんて毎日反省することしきりだ。

主人だって大声を出して怒ることがある。自分が間違っていても、それが思い込みであっても、私が指摘すると本気になって大声を出す。毎日私に世話になっているからと、それなりに気をつかい結構がまんもしているのだろう。

このままでは、主人がかわいそう。何か楽しみを見つけて上げたいと、介護施設のディサービスも勧めているのだが、どうしても行きたがらない。

「僕はこの家が一番いいんだから言わないでくれ」と、お世話になっているケアマネージャーさんにも頼んでいる。近頃では、そんな主人の気持ちを尊重してあげたいと思うようになった。

それなら、毎日の会話を夫婦漫才のようにして過ごしてみようと心に決めた。人生は生きている限り終わりはないのだ。三男さん頑張りましょう！　まだまだ夫婦漫才を続けましょう。朝起きて、部屋にも主人にも元気に「おはよう」と声をかける。

糖尿病対策の制限のある食事もなるべく楽しく食べる。楽しさを加えると美味しさも違って来るような気がする。

主人‥「僕はとても忙しいよ」

私　‥「どうして」

主人‥「入れ歯を入れるのに時間がかかるし、お前によく物をこぼすと言われるから気も使うよ。やっと食べ終ると、入れ歯を洗って、その後は朝の薬を十一個も飲むだろう。僕はとても忙しくて、ちっともゆっくり出来ない」

主人が真剣な顔で言うので笑ってしまう。今夜もインスリン注射が終わった。

「今日も一日忙しかったね、ありがとう」と言い交わして、二階の部屋に一緒に上る。

私　‥「ねえ、たまには私の部屋で遊んで行かない」と、からかって言ってみる。

主人‥「もう沢山遊んで来たから僕は寝ます。おやすみなさい」

ちょっぴり会釈して主人が自室に入っていく。

夜中には、私が主人の部屋に様子を見に行く。気持ち良さそうに寝ているのを確認して一安心する。これも日課の一つだ。私もそろそろ寝よう。

「良かったね、今日も何事もなく過ぎて。明日も頑張ろうね。ねぇ三男さん、お休みなさい」

三男さん、夜毎におくる私のこの密やかなエール、聞こえていますか。

遅咲きの花・私の習い事

〈和裁〉

友人の紹介で近くに和裁のお教室があることを知った。勧められるまま思い切って行ってみた。教室を見てとてもびっくりした。私が小学校の頃、一番上の姉が行っていたお針学校の雰囲気そっくり、まるで同じ感じだったのだ。広い畳の部屋に長い裁ち台があって、生徒さんが五人程座って、着物を縫っていた。

おしゃべりをしながら、とても楽しそうに見えた。自分の着物を娘にと縫い直しをしている人、ステキな着物を縫っている人、本当にいまも和裁教室ってあるのだと感激した。早速主人に話し、一週間に一度だけ通わせて貰うことにした。私より四歳ぐらい年上の優しい先生だった。私の着物を娘の寸法に仕立て直しをしたり、主人の袢纏を縫ったりもした。なにより嬉しかったのは、女学校に行っているような気がしたことだ。他の人はこうして女学校で色々なことを習っていたんだねー。

私には、みんなが分っていることでも、いまだに分らないことが沢山あった。先生が教えてくださったことを、まごついてすぐ帳面に書けない時もあった。優しい先生だったので、私の様子を感じ取ってすぐ書いて下さる。この年になって、このような教室に通わせて貰って、私は幸せを感じている。

娘の浴衣も夢中になって縫った。その浴衣を着て盆踊りの日にやぐらの上で踊っている姿を誇らしく思ったことだった。

和裁教室を辞めてからも、度々お教室に遊ばせて貰いに行く。お昼には生徒さんがお弁当を持って来て先生と一緒に食べる。私はその時間を見計らって伺う。何かしらお菓子があって、ご馳走になる。こんなゆったりとした時間があって良いのかしらと思ってしまうほど心安らぐひと時だ。

新年会も教室で楽しく過ごす。三月三日のひな祭りが近くなると、教室の床の間におひな様が飾られる。まるでタイムスリップしたような不思議な時を感じる。

やがてリフレッシュ効果か、主人の愚痴ばかり言っていた自分が恥ずかしくなる。今日から笑顔になろうと急ぎ足で自宅に帰る。

〈油絵〉

主人が病気になって商売から離れたお蔭（そう考えるのも変だが）で、私は絵の先生の教室にも、一ヵ月に二度、二年ほど通わせて貰った。絵の具の名前も良く分からなくて、教室の仲間にも恥じることもあった。でも絵を描くのが大好きだから続けられた。

貧血のある主人は、昼食後は夕方まで眠っている。その時間を有効に使わせてもらう。何年か前に髙久兄弟会で那須に旅行に出かけた時のことだ。塩原の「小太郎ヶ淵」に連れて行ってもらった。あまり静かな光景に感動、その後娘たちとも行った。何度行っても何回見ても感動する。

主人は、故郷栃木県の風景が大好きだ。絶対この風景を描いて自宅の壁に飾りたい。そんな思いが深まってきて描き出した。半年もかかってしまったが、なかなかの出来だと自画自賛しながら、ためつすがめつ完成した絵をみていた。

「第21回NHK学園生涯学習美術展」の募集案内が届いたのは、ちょうどその時だった。今までに数回出品したことのある美術展だ。「そうだこの絵を出品してみよう」思い立ったらすぐ行動と早速荷造りをして送った。

とは言っても、慌ただしいまでの日々だ。出品はしたものの毎日何かと忙しく絵のことも忘れていた。主人の病院に行く日、ヘルパーさんに来ていただく日、お風呂に入れる日、一日がめまぐるしく過ぎていく。

一〇月になって審査結果が届いた。ああ嬉しい今回も入選出来たのかしら？　と思いながら開封した。よく読むと「油絵部門　NHK学園賞」とあった。あの絵が受賞したのだ。

うわぁなんてこと。八十歳になった私への二重のプレゼントだ。思わず「嬉しい」と大声を出していた。

美術展は、平成二五年一二月一三～一五日東京都美術館で開催され、私の作品も展示される。主人は上野までは、とても行かれないので、美術展には娘と二人で行くことにしていた。

展覧会初日は、一二月一三日（土曜日）だった。埼玉に住んでいる息子夫婦が、「お母さんの絵をお父さんも一緒にみんなで見に行きましょう。今日は天気もいいので」と車で迎えに来てくれた。

主人は「疲れるからいいよ。でもそういえば、上野公園にはもう何年も行っていないな」と嬉しそうな顔で言う。結局、息子夫婦、二女の弘子、主人、私の五人で美術館に行くことになった。

美術展では、私の絵はもちろん、たくさんの方々の作品を見て美術館を後にした。主人の体調を気遣いながら、上野公園を休み休み散歩する。

「お父さんは、まず西郷さんだよね」

弘子が言った。

「ぼくは絵より西郷さんに会いたくてきたんだから」

主人は期待を込めて言う。本当に天気の良い日で、公園内も家族連れで賑わっていた。やっと西郷さんの前に着いた。主人はしばらく西郷さんを見上げていた。やがて話しはじめた。

「田舎から上京して来て、辛かった時、寂しかったとき、何回か西郷さんを見に来た。後ろを振り向くと、上野駅のホームが見えるんだよ。帰りたいなーと思ったもんだ」

ＮＨＫ学園賞を受賞した「那須小太郎ヶ淵の静けさ」

　みんな黙って聞きながら、西郷さんを見上げていた。

　その時主人が突然大きな声で、「ぼくはすっかり変っちまったが、西郷さんはいつまでたってもかわらねえな〜。なんでだっぺ」と言った。周囲の人たちがクスクスと笑った。家族の私たちも思わず大笑い。

　西郷さんの頭上の抜けるような青空に明るい笑い声が響いた。

　帰りの車で主人が「今日はお母さんの絵のお陰で上野公園も散歩出来たし、西郷さんにも逢えた。みんなありがとう」と言ってくれた。高速道路に入ると、車の窓から夕日に染まった富士山がすっきりと見えた。私は、その富士山の姿に心まで吸い込まれていた。

やさしい息子夫婦のサプライズに感謝だ。これからは老いにも病気にも逆らわず、主人と仲良くやっていこうと思ったことだ。

子どもたちへ

私たちが結婚したのは、国中が貧しく誰もが生きるのに精一杯、そんな時代だった。初めて一緒に暮らした部屋には、流し台はおろか、トイレも台所もお風呂もガスもなく、水道も外にしかなかった。いまでは考えられない。

それでも私たちには、お店があった。お店があったからこそ、ここまでやってこられた。私たちの城とも言うべきお店は、どんな時にも私たちとともにあった。何回も建て増しや建て直しをして、ヤドカリのように少しずつ大きくした。思えば、商売とはいえ嫌なこともあったし辛い思いもした。でも、お店があってこその人生だった。

お父さんは、「東京一のせともの屋に」を目標に、一七歳から六〇年間、一途にせともの屋を貫いた。本当に立派だ。心の底からそう思っている。お父さんは根っから商いが好き。その背に沢山の荷を負いながら、あなたたちを育み、お店を大事に、しかも地域や中小企業の発展を願って歩み続けてきた。口は悪いが、大きくて強くてやさしい人だ。「三男さんについていく」と決めた五八年前のあの日から、しっかり伴走してきた私が言うのだから間違いない。

とはいえ、お店があってこそで、私たちはいつもお客様の方を向かざるを得なかった。こうした商売中心の明け暮れにあって、心ならずも子育ても慌ただしさの中にあった。あなたたちに十分な心配りが出来たかは疑問で、なにかと不自由な生活をさせて来たと思う。

三男さんと筆者

でも、思うようにかまってあげられなくとも、私たちがあなたたちをないがしろにしたことは一度もない。あなたたちの成長は、私たちをどれだけ励ましてくれたことか。あなたたちが引き寄せてくれた沢山の人とのつながりもみんな大切な財産だ。私たちは、あなたたちがいたから頑張れたのだ。

私は、齢八一になろうとしている。私たちの来し方や生き抜いて来た時代を、あなたたちに話すことはめったになくなってしまった。いつのまにかあなたたちも社会人となり、家庭もあり、いまとなっては、なかなかそんな時間も取れない。

それならばいまのうちにと、介護の合間に時間をみつけて、私と私たち夫婦の足跡を綴ることにした。書きはじめると、これまでのさまざまな出来事が、次から次へと走馬灯のように浮かんで来た。おかしいこと恥ずかしいこともすべてひっくるめて、ここには赤裸々に書いてある。

私は、これをあなたたちに話しかけているつもりで書いた。小学生のような綴り方かもしれない。でも、書いている時間がとても楽しかった。私たちの来し方をたどれば、その時々の苦労さえもなつかしい。

幼かった私が、コナミおばあちゃんから聞いておきたかったことがたくさんあったように、あなたたちにも、父や母に聞いておけばよかったと思うことがあるかもしれない。いつの日か商家の明け暮れがふと懐かしくなったり、幼い日を懐かしむ時が来るかもしれない。

そんなときに手に取ってほしい。もしかすると、あなたたちの記憶の底に沈んでいた事柄が見えてくるかもしれないから……。

読みたくなったら、どこからでも広げて見てほしい。

——思いを込めて。

あとがき

本書を、闘病に懸命の主人・高久三男に心を込めて贈ります。

主人とともに、せともの屋の営業にかかわって六〇年。商売をするには、体力・気力・忍耐力に加え、愛嬌も才覚も必要です。毎日が全力投球でした。それほどエネルギーを傾けた店でしたが、東京都の道路拡張にひっかかり、立ち退き・閉店を余儀なくされました。

焼き物の里出身で、せとものとは切っても切れない私たちのことです。

それならばと、主人の故郷益子の陶器市で商売を続けました。それも春と秋の年二回のことでした。子どもたちもとっくに独立、時間に余裕が出てきました。それぞれが好きなことに費やす時間も少しずつ持てるようになり、まさにこれからでした。

ところが、人生には予期せぬことがあるものです。主人が病の診断を受けたのです。これからは夫婦でのんびりと言う矢先のことでした。

驚かなかったと言えば、嘘になります。でも四の五の言っている場合ではありませんでした。

ひたすら働き続けて来た主人です。こうなれば治療が第一。主人の病には、輸血や体力保持のための睡眠も必要です。私は、私にできることをやるまでです。現在は、その治療と養生に、主人ともども精一杯がんばる日々です。

とはいえ介護の明け暮れは思いの外つらいものです。息が詰まり、時には肩の力を抜きたいと思うこともありました。そんな夕べに、ふと思い立ってペンをとりました。まずは、幼い日の思い出を書きはじめました。それは自分でも思いがけないほど楽しいことでした。

書き綴るうちに、記憶の糸がほぐれ、書きたいことが次から次に出てきました。

人には、生まれ育った家、家族、どんなにささやかであっても、それぞれにたくさんの生命を重ねてきた歴史があります。それぞれのルーツにつながる事柄については、子どもたちにもどうしても伝えておきたいと思うようになりました。

いつの間にか、書くことが習慣になり、書くことで日々を振り返り、生きる姿勢についても考えました。こうして書きためたノートもいつの間にか三冊になりました。

びっしりと埋まったノートは、私の人生の軌跡であり、生きてきた証そのもの。家族の歩みを物語る大切な宝物でもあります。

そんな話を聞きつけた友人に背を押され、とうとう本書出版の運びとなりました。晴れがましい反面、いまだに気恥ずかしい思いでいっぱいです。でも「せともの屋の女房」そのものは胸張って担ってきた私です。

みなさまに読んでいただければ、このうえないしあわせです。

この機会に、軒を並べた「ほていや」の幾春秋を見守ってくださった大泉商店街のみなさま、支えていただいたお客様をはじめこれまでお世話になったすべてのみなさまに感謝の意を表します。

また、いつも支え励ましてくれる友人のみなさんにも心からお礼申し上げます。ありがとうございました。

そして、これからもどうぞよろしくお願いします。

二〇一四年五月吉日

高久道子

高久道子（たかく・みちこ）
一九三三年、滋賀県信楽町で生まれる。一九四七年、東京銀座の入船堂に就職。五二年退職し近江陶器へ就職。五五年、高久三男と結婚、練馬区東大泉にせともの屋を開店。九六年閉店。

せともの屋《や》の女房《にょうぼう》

二〇一四年五月二十五日　第一版発行

著　者　髙久道子
発行者　比留川洋
発行所　本の泉社
〒113-0033
東京都文京区本郷二-二五-六
Tel ０３（５８００）８４９４
FAX ０３（５８００）５３５３
印刷　亜細亜印刷株式会社
製本　（株）難波製本

ISBN978-4-7807-1165-3 C0095 Printed in Japan
日本音楽著作権協会（出）許諾第 1403918　401 号